JN040600

図解決定版 リモート即対応！

COACHING

HOW TO COACH YOUR TEAM MEMBER

コーチングの
「基本」が身につく本

Masato Homma　本間正人

Gakken

　新型コロナウィルス感染症は、日本はもちろん世界中であらゆることを激変させました。自社や取引先の業績の激変、テレワークの導入などによって、働き方や人間関係が大きく変わった方も多いのではないでしょうか。

　組織のなかで部下の指導・育成を担う立場の方は、フェイス・トゥー・フェイスに加えて、リモートでのコミュニケーションも活用しながら、自分の生産性を上げつつ、意識や感覚の異なる世代との人間関係を築く必要に迫られています。これまで通りではなく、新しい指導方法、コミュニケーションが必要と感じている方も多いはずです。

　コーチングは相手の自発性を引き出すコミュニケーション・スキルとして注目を集め、いまや、世界的なマネジメントの定番として認知され、多くの組織で活用されています。そして、これからの時代、リアルとリモートの両方を活かした「ハイブリッド」なコーチングが求められることになるでしょう。対面で一体感を醸成し、リモートで1対1の個別指導を行う「メリハリ」が鍵となります。

　どんな状況でも「人を大切にする」コーチングの基本理念は不変です。コーチングを最近学びはじめた方も、すでに日々活用されている方も、つねに基本に立ち返り、うまくいったこと、さらに改善できることを見きわめ、自己ベストを更新して、「最新学習歴」を更新し続けていきましょう。これにより、相手との人間関係が深まり、仕事の生産性も確実に高まることでしょう。

この本では、大切な心構えと現場で活かせる具体的なコーチング・スキルをコンパクトに紹介しています。コーチングのエッセンスが、見開き形式の４ページにおさめられ、分かりやすい図解と具体的なケースによって、短時間に吸収していただける構成になっています。私がこれまで研究してきた「コーチング」や「ほめ方、叱り方、励まし方」のエッセンスが凝縮された１冊ということができます。

　通勤電車の中や休み時間、在宅ワークの合間などで、ちらりと目を通し、ヒントを吸収してください。そして、実際にメンバーとの話し合いに活用していただきたいと思います。それぞれの職場の状況に合わせて、微調整を加えていただければ、きっとうまくいくはずです。

　私が提唱している「学習学」の目標は、誰もが成長する喜びを実感できる社会をつくっていくこと。コーチングは、組織の中で仕事をしている人にとって永遠の課題ともいうべき、重要な学びのテーマであり、人間的に成長する具体的な方法なのです。

　この本は、日々、奮闘する現場のマネジャーやリーダーにとって大切なことを、最も効率的に学ぶことができる強い味方になるでしょう。この本が、コーチングに対する理解を深め、みなさんお一人おひとりの学びのサポートに役立つことを祈っています。本書の出版にあたっては、編集者の髙木繁伸さん、角田由紀子さんにご尽力いただきました。心から感謝の意を表したいと思います。

本間　正人

CONTENTS

CHAPTER **06**	すぐできる！ 4つのスキルアップ

コーチングの心得
「リーダー力」がアップする！

まずリーダーの役割を
理解しよう

一人ひとりの気持ちを大事にしながら結果を出す、
「木を見て森を見る」のがリーダーの役割

➡ リーダーとは
「コミュニケーション回路をつなぐ人」

「リードする」というと、「ぐいぐい引っ張っていく」というイメージがあるかもしれません。しかし、英語の「リード」(lead) には、「電流を流す」という意味があります。テレビやアンプにリード線が入っていなければ、部品が箱の中にバラバラに存在するだけ。リード線で回路をつなぐことによって、テレビやアンプの機能が働きます。

人間の世界でも同じです。リーダーがいることによって、チームがチームとしての機能を果たし、目的のために一つにまとまっていきます。リーダーとは、「引っ張る」のではなく、「コミュニケーションの回路をつなぐ」人のことなのです。

コミュニケーションの回路をつなぎ、チームをうまく機能させるために、リーダーが果たすべき役割とはいったい何なのでしょうか?

リーダーの5つの役割

---

1 **常に全体を見て、**
メンバーが働きやすい職場をつくる

➡ 心身ともに健康で安全な雰囲気づくり

---

2 **一人ひとりの力を引き出す**

➡ メンバーの強み、持ち味を引き出す質問を

---

3 **目標を共有する**

➡ 数字や映像が浮かぶ目標を！

ex「ラインの稼働率を99.9%に」
　　「月間の売上高を1200万円に」

---

4 **一人ひとりの能力を高める**

➡ 自己学習、集合研修、OJTで能力開発

---

5 **成果を出す**

➡ 利益を出すにはどうしたらよいか考える

1　常に全体を見て、メンバーが働きやすい職場をつくる

2　一人ひとりの力を引き出す

3　目標を共有する

4　一人ひとりの能力を高める

5　成果を出す

　主にこの5つが挙げられます。

　リーダーに求められることは「木を見て森を見る」、つまり、一人ひとりの気持ちを大切にしながらチームとして結果を出すことなのです。

➡ 理想的なリーダーの条件

　では、理想的なリーダーとは、どんな人のことを指すのでしょうか？

1　いつも明るく、前向きである

2　つらいときに逃げない

3　左脳（論理）と右脳（感情）のバランスがよい

4　言葉だけでなく行動で示す

5　向上心を持ち続ける

　この5つをすべて満たしている人はめったにいません。理想的なリーダーを目指して、自分なりに努力し、日々、自己ベストを更新し続けている人が「よいリーダー」といえるのです。

理想的なリーダー像

1 いつも明るく
前向きである
➡ 笑顔、声がさわやか

2 つらいときに
逃げない
➡ みんなの励まし役、
怒られ役をかって出る

3 左脳(論理)と
右脳(感情)の
バランスがよい
➡ 人の気持ちをくみ取るが
情に流されない

4 言葉だけでなく
行動で示す
➡ 言行一致

5 向上心を
持ち続ける
➡ 現状に甘んじず
上を目指す

**理想のリーダーを目指して、
自己ベストを更新することが何よりも大切!**

まずリーダーの役割を理解しよう

リーダーだからこそ
コーチングが必要になる

相手から引き出すコミュニケーションを身につけて、
本当の意味でのリーダーになろう

 コーチングって何？

　いまや、組織でのマネジメントの定番として定着している「コーチング」。みなさんも耳にしたことがあるのではないでしょうか？

　コーチングをひと言で説明すると、「人間を大切にし、人間の能力とやる気を引き出すコミュニケーション」となります。

　もともと、コーチングの「コーチ」という言葉は、馬車という意味。そこから派生して、「大切な人を現在いるところから望むところまで送り届ける」という意味が生まれました。

　つまり、「一人ひとりの能力を引き出して、目標達成をサポートする」ということが、コーチの重要な役割といえます。サッカーのコーチ、野球のコーチなど、スポーツの世界をイメージすると分かりやすいと思います。

　ティーチングは「教える」ことですが、コーチングは「引き出す」手法です。何を引き出すかというと、相手の能力、潜在力、やる気、

コーチングとは
「引き出す」コミュニケーション

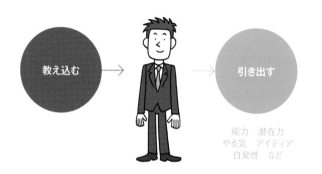

ティーチング	コーチング

教え込む　→　　→　引き出す

能力　潜在力
やる気　アイディア
自発性　など

コーチング5原則

1 人間尊重の原則
人間は、無限の可能性を持ったダイヤモンドの原石のような存在。人格の尊厳を認め、人間理解に立った指導によって、一人ひとりの才能を引き出し、発揮させる。

2 相互信頼の原則
お互いの信頼を培うことが、チームワークとコーチングの基礎。信頼は、日常のコミュニケーションの中で言動と行動が一致しているときに、長い時間をかけて醸成される。

3 個別開花の原則
一人ひとりに個性があり、持ち味が違う。既存の指導方法にとらわれず、資質・能力を発揮するための、最適な指導方法を、常に新たな気持ちで探し出し、創造していく。

4 目標協力の原則
目標を一方的に押しつけるのではなく、メンバーが目標を達成するために、上司としての自分に何ができるかを考え、約束することで協調的な協力体制が生まれる。

5 評価感謝の原則
コーチングは、ほめ活かし、ほめ育てること。一人ひとりの美点、長所、短所、成長を見のがさず、事実をタイミングよく心をこめて認めることが大切。

アイディア…といったものです。

これらは、外から「出せ！」と言っても出てきません。実際、「もっと能力を出せ」「やる気を出せ」「自発性を出せ」と命令されたからといって、すぐに効果が出るわけではありませんよね。だからこそ、相手から「引き出す」コミュニケーションが必要になるのです。

リーダーの役割はチームを機能させること

リーダーは、店長やチームリーダーという肩書きを与えられた瞬間にリーダーになるわけではありません。的確に指示を出し、メンバーを励まし、チームがチームとして機能したときに、はじめてその人は「リーダーになった」といえるのです。

世の中には「ぼくが店長なんだから、みんな言うことを聞くはずだ」と勘違いしている人もいますが、肩書きで人は動きません。

軍隊では、負けることがそのまま死につながるため、命令すれば人は動きます。でも、平和な時代の平和な組織の中では、命令されても動かない人はたくさんいます。

人を動かすには、その人の自発性ややる気を引き出すことが大切なのです。

肩書きや役職ではなく、「リーダーの役割を果たしている状態をつくる」ために、ぜひコーチングスキルを身につけましょう。

コーチングをマスターした
リーダーとは?

**コーチングを
マスターしていない
リーダー**

リーダーは貨車を引っ張る機関車。
貨車は"お荷物"になり、ときに不協和音が生じる

リーダー　　　　　　メンバー　　　　　　メンバー

**コーチングを
マスターした
リーダー**

チームは全車両がモーターを持つ新幹線。速く走ることができる。
リーダーは先頭車両の運転士としてチームを誘導し、さらに各車両のモー
ターを作動させる役割をはたす

リーダー＝運転士
モーターを作動

コーチングで
キャプテンシップを磨こう

現場ならではのコーチングで、職場の雰囲気を
明るくし、自分自身も成長しよう

 キャプテンにふさわしいコーチングがある

ひとくちにリーダーといっても、いろいろな立場があります。4
段階に分類してみると、「エグゼクティブ（社長）」「ディレクター
（部長）」「マネジャー（課長）」「キャプテン（主任・チームリーダー）」
となります。本書の読者の多くは、おそらくキャプテンの立場にい
ることでしょう。

キャプテンとは、自分も現場でチームメンバーの一人として業務
を担当しながら、リーダーシップを発揮する立場の人のことです。

同じリーダーであっても、エグゼクティブとキャプテンとでは、
役割が違いますよね。同じように、立場によって部下やメンバーに
対するコーチングのやり方も変わってきます。キャプテンにはキャ
プテンにふさわしい、現場ならではのリーダーシップの取り方
（キャプテンシップ）がありますので、ぜひそれをコーチングで身
につけてください。

リーダーには4種類がある

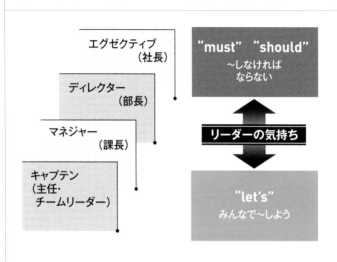

エグゼクティブ
（社長）

ディレクター
（部長）

マネジャー
（課長）

キャプテン
（主任・
チームリーダー）

"must" "should"
～しなければ
ならない

リーダーの気持ち

"let's"
みんなで～しよう

 エグゼクティブ
（社長）　　➡ 組織のビジョンを提示し結果責任を負う

 ディレクター
（部長）　　➡ 方針を具体化して行動計画に
　　　　　　　落とし込む

 マネジャー
（課長）　　➡ 人・モノ・金・情報・時間をやりくりして
　　　　　　　職務を遂行
　　　　　　　部下の能力開発

 キャプテン
（主任・
チームリーダー）　➡ 現場でチームメンバーの一人として
　　　　　　　業務を担当しながら指示

キャプテンにふさわしいコーチングがある

　キャプテンがコーチングを学ぶと、さまざまなメリットがあります。

　一般に、役職が上の人たちは、現場の苦労がなかなか理解できないものです。でも、現場のことを熟知し、その苦労も分かっているキャプテンがリーダーシップを発揮し、コーチングでメンバーの能力ややる気を引き出せば、仕事がはかどり、成果も上がります。

　また、職場の人間関係もよくなります。

　誰でも、上から目線で「ああしろ、こうしろ」と命令されると、反発心がわくものです。たとえば野球チームで、監督から「グラウンド10周！」と言われたら、「疲れてるのにイヤだなあ」と思うかもしれません。

　でもチームメイトであるキャプテンが「よーし、最後、一緒にグラウンド10周行こうぜ！」と言えば、みんながんばろうという気持ちになるものです。

　このように、キャプテンが「レッツ（LET'S）」の視点で呼びかけることで、メンバーの一体感を高め、ひいては職場の雰囲気を明るくすることができます。

　さらに、コーチングを行うことで、メンバーが成長することはもちろん、キャプテン自身にも学びがあります。人を育てる体験は、自分自身を育て、成長させるチャンスにもつながるのです。

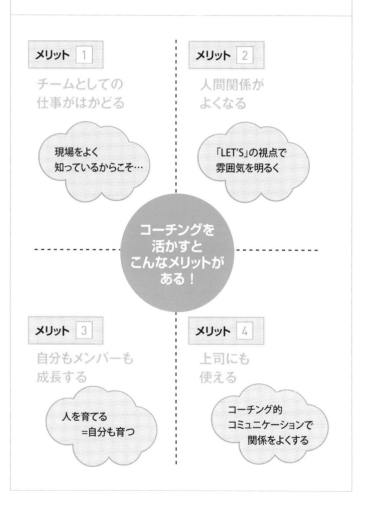

キャプテンがコーチングを学ぶメリット

メリット 1

チームとしての
仕事がはかどる

現場をよく
知っているからこそ…

メリット 2

人間関係が
よくなる

「LET'S」の視点で
雰囲気を明るく

コーチングを
活かすと
こんなメリットが
ある！

メリット 3

自分もメンバーも
成長する

人を育てる
＝自分も育つ

メリット 4

上司にも
使える

コーチング的
コミュニケーションで
関係をよくする

3つの心構えを 忘れないようにしよう

相手を信じ、認め、仕事を任せること。さらにフォロー
していくことがコーチングをする上で大切だ

➡ 人にはダイヤモンドの輝きがある

　コーチングに必要な心構えは「信・認・任」の3つの漢字に表す
ことができます。

「信」とはなんでしょうか？　一つは、人間には無限の可能性があ
ると信じることです。分かりやすく言うと「ダメな人なんていない」
という考えを持つことなのです。

　一見、ダメなように見えたとしても、その内側にはダイヤモンド
の輝きがあるはずだ、と可能性を信じることが、コーチングの基本
です。

　もう一つは、リーダーとメンバーの信頼関係です。リーダーはメ
ンバーから信頼される必要があります。そのためには、まずリー
ダーがメンバーのことを信じることです。

　信頼関係を築くためには、言行が一致していること、口が堅いこ
とが条件です。えらそうなことばかり言って、行動が伴わなかった

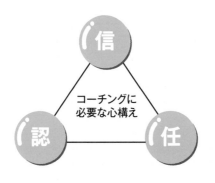

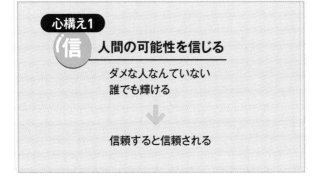

り、「ここだけの話」と言いながら、ペラペラとしゃべってしまう人は信用されない、と心得ておきましょう。

 ## よいところを認め、仕事を任せよう

「認」は、相手のよいところを見て心に留める（見＋留める）ことです。誰にでも、それぞれ長所や持ち味があり、また、毎日何かを学習し、成長しています。こうした細かい進歩を見逃さないのが、よいリーダーといえます。

　これに対して、見とがめる（見＋とがめる）は、欠点のほうを見ることです。欠点ばかり指摘されるとやる気が下がり、人は伸びません。常に、相手のよいところ、美点を見てほめ、伸ばしていくことが大事です。

「任」とは、相手に任せるということで、そのために「見極め」「決断し」「フォローする」ことが必要です。観察力を働かせて、メンバー一人ひとりの適性や強みを「見極め」、誰にいつ、何をどこまで任せるのかを考えましょう。

　決断とは、「あいつにやらせてみよう」と思い切ることです。自分がやったほうがラクだからと仕事を抱え込み、他のメンバーが手持ち無沙汰というのでは、メンバーの能力は伸びていきません。あえて任せよう、と踏み切ることが肝心です。

　ただし、任せっぱなしにはしないこと。「やってみてどうだった？　分からないことはない？」「今どこまで進んでる？　この調子でがんばって」など、質問を投げかけ、今の状況や、気持ちが乗っているかどうかを確認し、フォローすることが大切です。

コーチングに必要な3つの心構え②

心構え2

相手のよいところを見る

一人ひとりに長所や持ち味がある
人は毎日学習し、成長できる

心構え3

① 見極める

誰に、いつ、何を、どこまで任せるか?

② 決断する

思い切って任せよう

③ フォローする

質問で現状と心情を把握
「分からないことはある?」
「進み具合はどう?」
「この調子でいこう!」

3つの心構えを忘れないようにしよう

メンバーの一人ひとりに 合った指導をしよう

メンバーへの指導は、個別に対応することが重要。
成長段階に合わせて、バージョンアップもしていこう

➡ コーチングは個別指導が基本

　学校の授業では、一人の先生がすべての生徒に、同じ内容を同じ方法、同じ速度で伝えます。これは「ティーチング（教える）」です。

　それに対して、コーチングの基本は「相手に合わせて、指導する内容も方法も速度も変える個別指導」。AさんにはAさんに対する、BさんにはBさんに対する個別指導をするのがコーチングです。

　個別指導をする上で大切なことは3つあります。

1　相手の強みを活かす

「元気がとりえだがミスが多い」Aさんに、「ミスばっかりするんじゃない」とただ怒ってもミスは減りません。まずは元気のよいことを認めてあげましょう。

2　相手に合わせて手を替え、品を替えて指導する

　人は一人ひとり違うものです。「知識は豊富だが消極的」なBさんには、豊富な知識をほめながら、小さな一歩を踏み出すのをサ

メンバーの個別指導のポイント

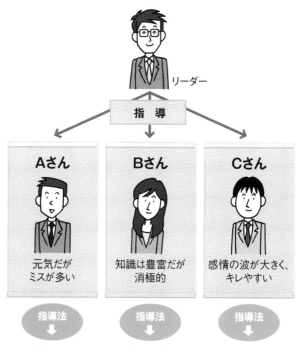

リーダー

指　導

Aさん	Bさん	Cさん
元気だが ミスが多い	知識は豊富だが 消極的	感情の波が大きく、 キレやすい

指導法 ↓

- ・元気のいいところ
をほめる
- ・途中段階で
状況をチェック

- ・豊かな知識を
ほめる
- ・小さな一歩を
踏み出すのを
サポート

- ・コミュニケーション
のタイミングを
見計らう
- ・キレてもとことん
話を聴く

ポートする、「感情の波が大きく、キレやすい」Cさんの場合には、コミュニケーションのタイミングを計り、キレたらとことん話を聴くなど、相手に合わせた指導方法を取りましょう。

3 やりながら工夫する

最初から正解が分かるわけではありません。実際にコーチングしてみて、うまくいかなければ、やり方を変える必要があります。試行錯誤を重ねることが大切です。

➡ 指導法のバージョンアップをはかる

AさんにはAさんに対する、BさんにはBさんに対する指導を行う、いわば「カスタマイズ」はコーチングの基本です。でも、同じAさんに対しても、成長段階に応じて、指導方法を「バージョンアップ」する必要があります。

たとえば、はじめのうちは、リーダー自らお手本を示し、どこがポイントなのか解説を加え、手とり足とり、具体的な指示を出して、何とか最低限のところまで一人でできるようにサポートします。しかし、いつまでも細かく口を出していたら「指示待ち族」になってしまいます。

そこで、次の段階では、確実に達成できる、比較的やさしい目標を与えます（ベビーステップ）。それができたら、ほめて自信をつけさせ、少し目標水準を高くしていきます。そして、自分で目標を決められるように促していきます。このような順序を踏むことで、自発性を高めていくことが大切です。

メンバーの個別指導のポイント

1	**相手の強みを活かす**
	よいところをほめよう

2	**手を替え、品を替えて指導する**
	それぞれの指導法を考えよう

3	**やりながら工夫する**
	試行錯誤しながら効果的な方法を探そう

バージョンアップ

3rd Step 自分で目標を立てさせる

ここまできたら、
どんなことをやってみる?

2nd Step クリアしやすい目標にトライ

まず、コレをやってみよう

1st Step "ティーチング"で具体的に指示

こうしたらいいよ

リモートと対面の
ハイブリッドで指導しよう

在宅勤務が増える中、直接会って話せる時間はとても貴重。
リモートでの個別指導と効果的に組み合わせよう！

リモートではとくに
コミュニケーションの量を意識

　在宅勤務中のメンバーに対するコーチングが難しい最大の理由は、コミュニケーション量の減少です。同じオフィスで仕事をしている場合、リーダーは意識していなくても、メンバーの仕事ぶりや動きが目に入り、非言語メッセージを受け取っています。「今日は熱心に打ち込んでいるな」とか、「あの案件は少し停滞しているようだ」とか、空気感で敏感に察知できます。リモート環境では、用件を伝えるための打合せや、懸案を解決するための会議など、目的が特定されたものに限られがちです。

1　意識して雑談を増やす

「忙しいのに、雑談している余裕なんかない」ではなく、「急がば回れ」なのです。人間関係は「心と心の通い合うコミュニケーション」によって構築され、深まっていくもの。業務連絡だけでは、リーダー・メンバーの信頼関係が希薄になります。打合せの前後など、

リモートコーチング　３つのポイント

1　意識して雑談を増やす

- ・心と心の通い合うコミュニケーションを意識
- ・事務連絡だけではリーダー・メンバーの心理的距離が遠のく
- ・打合せの前後には、挨拶だけでなく仕事以外の話題も

2　非言語メッセージを重視

- ・話す時間はリーダーが短め、メンバーが多めに
- ・質問で部下の発言を引き出し、しっかり傾聴
- ・声の響き、表情やボディランゲージから状況を把握する
- ・ランチやお茶の時間を設けるのも有効

3　文字ツールを上手に活用

- ・必要な情報共有はメールやSlackなどを最大限活用
- ・顔の見えるZoomやTeamsでは
  「心を通わせる」ことに主眼を

挨拶だけでなく、季節や食事、健康やスポーツなど、仕事以外の話題を話し合いましょう。

2　非言語メッセージを受け取る

リーダーが話す時間は短めに。メンバーの発言を引き出す質問をして、メンバーが話す時間を増やし、声の響きをよく聴き、表情やボディランゲージを見て状況を把握することが大切です。リモートで、ランチやお茶の時間を設けるのも有効です。

3　文字ツールの活用

必要な情報共有は、メールやSlackなどで行い、顔の見えるZoomやTeamsのミーティングは「心を通わせる」ことに主眼を置きます。

➡ 対面コミュニケーションのポイント

同僚と職場で直接、会えるのは「当たり前」ではなく「一期一会」。一緒に仕事をしている仲間との絆を深め、チームの一体感を高めるチャンス。1対1のコーチングは、むしろリモートという「個室」を活用しましょう。

リモートと対面を
うまく組み合わせることが大事

●リモートでは・・・

・1対1のコーチングで活用
・用件を伝える打合せや懸案解決の会議だけではダメ

●職場（対面）では・・・

・「一期一会」の気持ちで心をこめて臨む
・非言語メッセージをきちんと受け止める
・絆を深め、チームの一体感を高める機会に

教えて！コーチング 1

問題解決 Q&A

Q Question 飽きっぽくて、午後になると集中力が落ちてくるメンバーにどう対応する!?

A Answer

出だしはいたって調子がいいのに、すぐ飽きて集中力が途切れてしまう。気まぐれで興味が移り変わりやすく、はじめた仕事がいつしかおざなりになる…。こういうメンバーに対して、「この人には責任感があるのか!?」と、思わず怒りがこみ上げてくることはないでしょうか。しかし、「飽きっぽさ」「気まぐれ」というのは生来の気質であって、怒ったところで何の解決にもなりません。

リーダーとして大切なことは、まず、明るく、前向きな姿勢を持つことです。そして、相手の話をよく聴き、相手を「観察」すること。「集中力の持続時間」「飽きてくるタイミング」などを把握することが解決への第一歩です。「彼は90分ほどで集中力が切れてくるんだな」「彼女は、朝はテキパキしてるが、お昼が近づいてくると能率が落ちるなあ」というように、「リズム」をつかみましょう。そして、「そろそろ集中力が切れてきそうだな」と思うタイミングで声をかけ、集中力を一時的にでも復活させます。

そのときに有効なのは、「そこ、もう1回確認してね」という声かけ。そう言われると、「いつのまにかぼんやりしていたぞ、いかんいかん」と、本人も自覚します。ちなみに、「そこ、失敗するなよ」と言うのはNG。「失敗」という言葉を聞くと、本当に失敗しやすくなるのです。ポジティブなイメージの「確認」という言葉を使うのがコツです。

いつ集中力が切れるか、

把握した上で改善提案をしよう

チームリーダーを助ける！7つのコーチング・スキル

スキル1

コーチングしやすい「環境」をつくる

姿勢や表情、目線の高さなどで相手の話しやすさは
まったく違う。座る位置などにも注意して、
よい環境をつくろう

➡ 笑顔でオープンな姿勢で話そう

コーチングには100以上ものスキルがあります。そのうち、リーダーとしてぜひ覚えておいていただきたい7つの基本スキルについて、これから説明していきましょう。

まずは、環境づくりのスキルです。

コーチングでは、相手が話しやすい環境をつくることが大切です。たとえば、上から見下ろされている感じだと話しにくいですよね。視線はなるべく水平になるようにしましょう。相手の目をきちんと見て、アイコンタクトを取りながら話すことも大切です。

眉間にシワが寄っていたり、腕組みをするのも、話しにくい雰囲気になります。笑顔でオープンな姿勢をつくるよう、心がけてください。

ボディランゲージも大きな影響を与えます。オンラインの場合には、背景や服装にも注意しましょう。また、できる限り雑音の少な

リーダーとして覚えておきたい
7つのコーチング・スキル

> 1 コーチングしやすい「環境」をつくる

> 2 相手が話しやすいように「聴く」

> 3 「問いかけ方」を工夫して、答えを引き出す

> 4 相手のよいところを見つけて「ほめる」

> 5 怒るのではなく「叱る」

> 6 効果的に「励ます」ことでやる気を引き出す

> 7 メンバーの立場になって「感謝する」

い静かな場所が望ましいです。

　話す内容によっては、人目に触れないような場所を選ぶ気遣いも必要。そのため、１対１の会話にはオンラインが最適な場合もあります。

　コーチングを行うタイミングにも配慮しましょう。相手の都合も考えず、いきなり呼びつけるのは考えものです。「今ちょっといい？」「10分くらいコーチングしたいんだけど、何時くらいなら都合がいい？」など、まずは相手の許可を取りましょう。

　これは、心の準備を与える意味でも大切です。

　１対１のコーチングをするというと、机をはさんで向かい合う形と思い込んでいる人がいますが、そんなことはありません。

　真向かいになるのは、対決の位置関係を表します。労使交渉や外交交渉のテーブルで向かい合うと対立的な関係になりがちで、あまり友好的な位置関係とはいえません。

　コーチングのときは、むしろ90°、120°、カタカナの「ハの字」の位置関係で座るほうが話しやすくなりますし、目のやり場にも困りません。

　ただし、イスだけで無防備に向かい合うのは気詰まりな感じになるので、机はあったほうがよいでしょう。

　場合によっては、部屋で座ってではなく、歩きながら、あるいは移動時間を利用するのもよい方法です。

話しやすい座り方

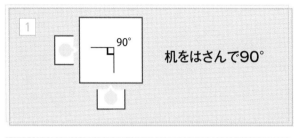

1 机をはさんで90°

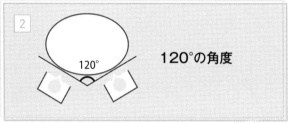

2 120°の角度

3 同じ机のサイドに
並んで「ハの字」に

歩きながらや、電車などの移動時間でもOK!
机とイスがなくても、コーチングは可能!

相手が話しやすいように「聴く」

相手を大切に思い、注意を払って、
その気持ちをやんわりと受け止めること。
きちんと「聴く」ことが理解につながる

指示が実行されるためには「話を聴く」ことが大切

リーダーになると、つい、メンバーに指示を出そうという方向に意識が向きます。しかし、その指示をメンバーがきちんと受け止め、行動として形にするためには、ふだんからリーダーがメンバーの話をきちんと聴いていることが大切です。

リーダーが話を聴いていると、メンバーもリーダーの話を聴いて、指示通りに動いてくれるようになります。

「きく」には「hear（聞く）」と「listen to（聴く）」の2種類があります。hearは、意識しなくても聞こえている状態です。listen toは、相手の言葉をしっかり意識しながら受け取ることです。

コーチングの「きく」はlisten toです。相手を大切に思い、注意を払って、その思いや気持ちを受け止める——こういう聴き方のことを「アクティブ・リスニング」といいます。

「聴く」と「聞く」はどう違う？

き く

聞 く
hear

音声が
聞こえる状態

意識して
いなくても

聴 く
listen to

相手の言葉を
意識しながら
しっかり受け取る

↓

アクティブ・リスニング
相手を大切に思い、注意を払って
その思いや気持ちを受け止める聴き方

➡ 聴くときのポイントは、あいづち、うなずき、繰り返し

アクティブ・リスニングの3要素は、あいづち、うなずき、繰り返しです。

あいづちとは「ふーん」「へぇー」「ほぉー」など、おもにハ行で表される言葉です。ただし、単調にならないよう、「そうなんだ、へぇー、よく考えたね」など、ほめ言葉を混ぜましょう。

また、たとえ、相手の話に同調できない場合でも、頭ごなしに否定するのはNGです。

「俺はそうは思わないぞ」というのを「そんなふうに考えたことはなかったなあ」と言い換えれば、ずいぶん印象は違いますよね。このように、相手の言葉を柔らかく受け止める「キャッチャーミット」を用意することが大切です。

うなずきは、「相手の発言のリズムに合わせて」首を上下に動かすことです。きちんとうなずいてもらえると、受け止めてもらえた、受け入れてもらえたという気持になり、とても話しやすいものです。とりわけリモートで対話する際には重要なポイントです。

繰り返しとは、相手の発言の全部、または一部をそのままリピートして返すことです。

「先週の金曜日に○○さんが、そうおっしゃったんだ」「もうそこまで進んでるのね」など、相手が言ったことをもう一度繰り返すことで、「あなたの話をちゃんと聴いていますよ」というサインになります。

アクティブ・リスニングとは?

あいづち

「へぇー」
「ふーん」
「ほぉー、そうなんだ」

うなずき

(うんうん)

「お客様はこうおっしゃったんだね」
「もう○○まで進んでるんだ」

繰り返し

↓

相手の話をきちんと聴いているというサインを出す

「問いかけ方」を工夫して、
答えを引き出す

問い詰めるのではなく、思いを引き出すことが大事。
質問のレパートリーを広げて効果的に使いこなそう

 詰問ではなく、
相手から引き出す質問をしよう

質問のスキルは、数あるコーチング・スキルの中でも非常に重要です。リーダーは適切な質問をすることによって、メンバーから、情報やアイディア、解決策、意欲などを引き出すことができるからです。

ただし、質問の仕方には注意が必要です。

「なんでこんなミスしたんだ」「どうして売上目標を達成できないんだ」などというのは、形の上では質問文になっているように見えます。しかし、実際には相手を責めているだけで、「詰問」になってしまっています。

詰問すると、相手は謝罪するか、黙ってしまうか、あるいは言い訳を返してくるだけです。「なぜ」「どうして」ではじまる、理由を尋ねる質問を不用意に発するのは避けましょう。

相手を責めている感じにならないようにしながら、原因を探るた

よい質問は答えを引き出してくれる

「問いかけ方」を工夫して、答えを引き出す

めには、「人」と「事」を分ける客観的な質問が効果的です。

　たとえば、「どうして君は目標を達成できないんだ」と言えば「人」を責めている感じになりますが、「目標が達成されなかった原因は何だろう?」と問えば、「事」についての質問となり、事態を客観的に見ることができます。

➡️ 質問を使い分けて、レパートリーを広げよう

　よい質問とは、相手の意見や経験、やる気を引き出すものです。より多くのものを引き出すためには、質問のレパートリーを広げることが重要です。ここでは2つの方法を挙げておきましょう。

1　YES／NOクエスチョン

　相手がYESかNOで答えられる質問です。事実を確認したいときや、相手の許可を得るとき、あるいは意思を確認したいときなどに使います。

2　オープン・クエスチョン

　相手が自由に答えられる質問です。状況を把握したいときや、成功した体験を話してもらうとき、相手の希望を引き出したいときなどに使います。

　これらの質問を効果的に使い分けて、レパートリーを広げ、コーチングのスキルアップをはかりましょう。

質問のレパートリーを広げよう

●YES／NO クエスチョン

「Aの仕事終わった?」　…事実確認
「今、ちょっといいかな?」　…許可取り
「君に任せていいよね?」　…意思確認

「**はい**」 または 「**いいえ**」

●オープン・クエスチョン

「お客様は何とおっしゃったのかな?」
　　　　　　　…状況の把握
「君が一番がんばったときのことを教えて」
　　　　　　　…成功体験
「一番やってみたいのはどんな仕事?」
　　　　　　　…希望を引き出す

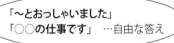

「**～とおっしゃいました**」
「**○○の仕事です**」 …自由な答え

相手のよいところを
見つけて「ほめる」

事実に基づいて、本当のことを伝えるのがほめること。
心をこめてほめることで、
相手との関係がよくなっていく

➡ リーダーはほめ上手であることが必要

　人はほめられるとうれしくなり、元気が出る、仕事のモチベーションが上がる、人間関係がよくなるなどの波及効果をもたらします。チームメンバーのやる気を引き出し、さらに業績を上げてもらうために、リーダーは、ほめ上手であることが必要です。
「ほめる」とは、「事実に基づいて、本当のことを伝えること」です。

　似た言葉に「おだてる」があります。しかし、「ほめる」と「おだてる」は、まったく別のもの。おだてるとは、事実でないことを、あたかもほめているように伝えることなので、相手が勘違いしてしまう恐れがあります。

　また、声の響きや顔の表情から、「おだてているな」ということが相手に分かってしまうこともあります。「ぼくの機嫌を取ろうと思って、心にもないことを言っちゃって…」と、かえって相手を傷つけることにもなりかねません。

「ほめる」と「おだてる」は違う!

ほめる
⋮
事実に基づいて
本当のことを
伝えること

おだてる
⋮
事実でないことを
ほめているように
伝えること

- ・元気が出る
- ・仕事のモチベーションが
  上がる
- ・人間関係がよくなる
- ・自発性が引き出される
- ・職場の空気がよくなる

- ・勘違いを招く
- ・かえって相手を傷つける
- ・意欲を下げる
- ・反感を持たれる

本当の気持ちは
声や顔に出る!!

すばらしい!

声の響き
顔の表情

➡ 効果的にほめるための3ヵ条

　相手をほめて活かし、ほめて育てるためには、どのようにすればよいのでしょうか？

　ほめ上手になるために、次の3ヵ条を頭に入れておきましょう。

第1条　細かく、具体的にほめる

「今日の挨拶の声、さわやかだったね」など、細かい長所やよいところをほめてもらえると、「このリーダーは、自分のことをよく見ていてくれるな」と信頼感、安心感が持てます。

　細かく、具体的に事実をほめるのは、ほめ上手になる最大のポイントです。

第2条　タイミングよくほめる

「先週の会議の発言よかったよ」というように、時間がたってからほめられてもピンときません。タイミングを逃さず、そのときにほめることが大事です。

　これはちょっと勇気がいることです。「今、声をかけてもいいのかな？」と迷うこともあるかもしれませんが、そこは勇気のボタンをピッと押して、ほめてみましょう。

第3条　心をこめてほめる

　声の響き、顔の表情は大事です。アイコンタクトを取りながら、気持ちが伝わるような声で伝えましょう。

　オンラインでも、心のこもった言葉は伝わります。

ほめ上手になるための3ヵ条

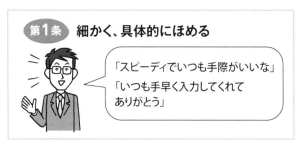

第1条 細かく、具体的にほめる

「スピーディでいつも手際がいいな」
「いつも手早く入力してくれて
ありがとう」

第2条 タイミングよくほめる

「今のプレゼン、迫力あって
よかったよ」

第3条 心をこめてほめる

笑顔

相手の目を
見ながら

明るい声で

怒るのではなく「叱る」

叱るとは、然るべきビジョンを示すこと。
リーダーとして、ときには言いにくいことを
言う覚悟も必要

➡ 叱るのは、怒るとは違う

　メンバーを成長させるためには、ほめるだけでなく、ときには叱ることも必要です。

　ただし、注意したいのは、「叱る」のは「怒る」ことではない、ということです。

「怒る」という漢字は、分解すると「心の奴隷」となります。売り言葉に買い言葉、瞬間湯沸かし器、キレる、というのは、みな感情的な反応です。怒ると相手の行動はストップしますが、改善はしないものです。

　それに対し、「叱る」というのは、「然るべきビジョンを示す」ことだといえます。つまり、ダメ出しをするのではなく、うまくいっている状況が相手の頭の中に描かれるように伝えることなのです。「こうするとうまくいくよ」「今度はこうしたらいいね」というように、イメージトレーニングをしていると思えばよいでしょう。

怒ると叱るはここが違う！

ただし、叱ってばかりいると相手の意欲も下がってしまうので、「ほめる」と「叱る」のバランスをとってください。

　車にたとえれば、「ほめる」はアクセル、「叱る」はブレーキです。ブレーキばかりかけていては、車は進みませんよね。基本的にはアクセルに足を置き、ときどきブレーキを踏むくらいが理想です。

　3つよいところをほめて、1つ叱る（具体的な改善提案をする）くらいが、ちょうどよいバランスかもしれません。

▶ きちんと叱れば恨まれない

　叱ったり、注意したりすると「メンバーから恨まれるのでは？」「職場の雰囲気が悪くなるのではないか」と気になって、なかなか思い切って注意できない人も少なくありません。

　しかし、チームをまとめ上げていくリーダーは、ときとして、言いにくいことも言わなければいけないこともあるのです。叱ることでメンバーの行動がよくなり、結果が出れば、あとで感謝されるものです。なあなあで流すより、きちんと指導してくれるリーダーのほうが尊敬されます。

　ただし、細かい注意は他の人の目に触れないよう、個別に行うのが基本。リモートの場合は、1対1の指導がしやすい一方、些細な注意でも強い響きになります。するとその後の表情を観察するのが難しいので、少し時間をおいてから、フォローしましょう。「さっきの件どうなった？」などと確認の質問を行い、「すぐに行動に移してくれてありがとう」「改善の一歩を踏み出しているね」とねぎらい、励ますのがカギです。

メンバーを叱れない理由

①
恨まれたくない

「人」と「事」を分ける
人を攻撃せず、
事柄を改善

→P48

②
職場の雰囲気が
悪くなる

細かい注意は人目に
触れないところで

→P40

③
叱るには
エネルギーが
必要だ

ストレスを上手に
発散し、気力・体力を
ベストコンディションに

④
改善提案したいが
自分もそれが
できていない

「LET'S」の視点で

→P22

効果的に「励ます」ことで やる気を引き出す

「できる!」という気持ちを引き出し、エネルギーを
高めることで難局を乗り切る力を出すことができる

➡ 励ましは「がんばれ」だけではない

　誰でも、いつも仕事が順調にいくとは限りません。壁にぶつかることもあれば、悩んだりくじけたり、エネルギーレベルが下がることもあるでしょう。

　そんなとき、一人ではなかなか壁を乗り越えられないものです。でも、リーダーのたったひと言がその人の背中を押し、その結果、前に進めたり、壁を越えられることはよくあります。

「私は誰かに励まされて、いい結果をつかむことができた」という体験はありませんか?

　今度はあなたがリーダーとして誰かを励まし、誰かのエネルギーを高める番です。とくにチームが沈滞しているとき、励まして活気づけることはリーダーの重要な役割です。

　励ますというと、すぐ「がんばれ」と口をついて出てくる人が多いのですが、励まし言葉はそれだけではありません。

「励まし」は
「がんばれ」とは限らない

励まし

- 相手のエネルギーレベルを上げる
- 自分も相手も元気になる
- ミスが減る
- コミュニケーションがよくなる

・プレッシャーを与えることも…
・こればかりでは効果が薄い

「がんばれ」

↓

「がんばっているね」　…認めてあげる

まずは相手の名前を
呼びかけたり
挨拶からはじめてみよう!

「がんばれ」ばかりだと、プレッシャーに感じる人もいますし、いつもそう言われていると、効果が薄れてしまいます。

　むしろ、がんばれと言うよりは「君、がんばっているね」と認めてあげるほうが、もっとがんばれるものです。

➡ みんなで励まし合うチームをつくろう

　効果的に励ますためには、次の5つのポイントを押さえておきましょう。

1　「可能感」（「できる！」という気持ち）を引き出す

2　見方やとらえ方を変える（ピンチはチャンス）

3　安心感を持たせる（「これでいいんだ」という気持ちを引き出す）

4　つながり感を高める（横に並ぶ、後ろから見守るスタンスで）

5　エネルギーを高める（言葉に気合いを乗せて、相手の心に訴える）

　メンバーを励ますと、その声を聞いている自分も元気が出ます。その励ましがお互いに伝染してみんなが元気になると、大変な局面にぶつかったときも、力を合わせて乗り切ることができるものです。

　みんなで励まし合い、仕事に励むようなチームをつくっていきましょう。

効果的に励ますための5つのポイント

1 「可能感」を引き出す

「あのときは、ここまでやれたじゃない」
「君ならできるよ」 「君だからできたんだ」

2 見方やとらえ方を変える

○「あと3時間ある」 ×「もう3時間しかない」

3 安心感を持たせる

「僕がフォローするから、
君は思い切りやっていいよ」

4 つながり感を高める

「いつも見てるから」
「君は頼りになるなあ」

5 エネルギーを高める

「ファイト!」 「気合いだ〜!」
「思い切ってやってみよう」

メンバーの立場になって「感謝する」

「ありがとう」と声をかけ合うことで、
チームの雰囲気が明るくなり、
みんなが貢献してくれるようになる

➡ メンバーには常に感謝の気持ちで接しよう

　感謝とは、「素晴らしい」「貴重なことだ」「ありがたいことだ」と思うことです。リーダーが現場でがんばっているメンバーに感謝することは、とても大事です。

　たとえば、メンバーは毎朝、出社してきますよね。それは一見、当たり前のことに見えます。でも、もしかしたら体調が悪かったかもしれないし、電車が混んでいたり、「今日は会社に行きたくないなあ」と思ったかもしれません。

　そういう気持ちを乗り越えて会社に来てくれることは、当たり前などではなく、その人の努力の成果と考えられないでしょうか。そう思えば「来てくれてありがとう」という感謝の気持ちが、きっと持てると思います。

　日常会話では「すみません」という言葉はよく使いますが、意外に「ありがとう」と口にする機会は少ないかもしれません。ぜひ、

感謝の気持ちを伝えよう！

ありがとうと口に出して、感謝しましょう。

➡ 「ありがとう」のひと言が チームを明るくする

人はお給料や地位が上がるなど、「経済的な報酬」で動く場合も あります。でも、現場のキャプテンやリーダーは、おいそれとそん な報酬は出せません。リーダーが出せるのは「心理的報酬」だけで す。心理的報酬とは、ほめること、感謝すること、一緒に喜ぶこと です。

メンバーの行動が望ましい方向に行くためには、たとえ、ほめる まではいかないことであっても、「がんばってくれてありがとう」 「ここまで時間をかけてくれてありがとう」と、努力したことに対 して感謝の言葉をかけることが大切です。

こんなふうに感謝されると、メンバーは「よし、またやろう」と いう気持ちになるので、結果としてもっとよい方向に変化・進歩し ていくものです。

あなたがいつも「ありがとう」を言おうと思っていると、メン バーのちょっとした行動や心配りに、今まで以上に敏感に気づける ようになります。気づいて感謝しているとチーム全体の雰囲気が明 るくなり、それこそめったにないような「ありがたい」貢献をメン バーがしてくれるようになります。

リーダーはぜひ、感謝の気持ちをこめた「ありがとう」を口癖に して、よいチームプレーができるような雰囲気づくりを心がけてく ださい。

こんなときには「ありがとう」を

言 動
行 動
に対して

「来てくれてありがとう」
「発言してくれてありがとう」
「ホワイトボードを消してくれてありがとう」

成 果
に対して

「うまくまとめてくれてありがとう」
「契約を取ってきてくれてありがとう」

努 力
に対して

「がんばってくれてありがとう」
「いつも一生懸命やってくれてありがとう」

メンバーのよいところに
敏感になる

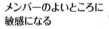

やる気が出る

好循環が生まれる!!

メンバーの立場になって「感謝する」

教えて！コーチング **2**

問題解決 Q&A

Q
Question

指導しようとすると、
すぐに食ってかかるメンバーに
どう対応する!?

A
Answer

コーチングしやすい環境を整えることは、相手とコミュニケーションをとる上で、とても重要です。このことは、すぐに反発する相手に対しても同じです。

まず、イスに座らせるということが大切ですが、もっと気軽に行えるのは、リラックスできる場所に移動するという方法です。たとえば、「ちょっとお茶しに行かない？」と、ひと言かけて、お茶の1杯でもごちそうしてみましょう。1杯のコーヒー、甘いお菓子などがあると、相手のいらだった気持ちが少し和らぎます。

人体は交感神経と副交感神経とが交替で働きながら機能しています。交感神経優位のときは緊張状態、副交感神経優位のときはリラックス状態。深く息を吐くと、体は副交感神経優位になるようにできているのです。このような生理的現象を利用して、緊張を緩和する、という選択もあるのです。その上でざっくばらんに話をすると、意外なほどわだかまりが解けてくるものです。

そして、相手と向き合えたなら、「不満の所在を見極める」ために聴くことに集中します。相手の言葉が正論であるにせよ言いがかりであるにせよ、その奥にある不満のもとがどこにあるのかを確かめてください。その不満の正体に気づけば、今後の接し方も見えてくるでしょう。

環境を変えると、
反抗心に凝り固まった気持ちをほぐせる

コーチングの5ステップ

GROWモデルで
コツをつかめ

GROWモデルを活用することで、
よりよいコーチングができるようになり、
自分自身のスキルも磨ける

➡ コーチングをスムーズに進めるために

現場で実際にコーチングを実践するとき、典型的な進め方として「GROWモデル」があります。

GROWモデルとは、GOAL（目標の明確化）、REALITY（現実の把握）、RESOURCE（資源の発見）、OPTIONS（選択肢の創造）、WILL（目標達成の意志）の5つの頭文字をとったもので、「育てる、育成する」という意味も含まれています。

この5つのステップを意識して質問を行うことで、メンバーへのコーチングをシステマティック（体系的）に進められるようになります。

GROWモデルとは?

G GOAL …**目標の明確化**

抽象的な大目標 → 具体的な中小目標へ

R REALITY …**現実の把握**

本当の問題は何か?

RESOURCE …**資源の発見**

人・モノ・金・情報・時間など目標達成に使えるもの

O OPTIONS …**選択肢の創造**

無限の可能性を考え、ベストなものを選ぶ

W WILL …**目標達成の意志**

やる気の確認、計画づくり

5つのステップを踏む

システマティックなコーチングができる!!

GROWモデルで
コーチングのスキルが磨ける

　ＧＲＯＷモデルがあると、コーチングをする上で、さまざまなメリットがあります。

　たとえば、ＧＲＯＷモデルがないと、なんとなく話が流れて、大事なことが押さえられずに話が終わったり、細かいアクションが決まっても、大目標とかみ合っていなかったりすることがよくあります。しかし、モデルがあることによって、大きな目標と整合性のとれた具体的なアクションがとれるようになります。

　また、コーチングでどんな質問をしたらいいのか分からないというとき、モデルを知っていれば、「ＲＥＳＯＵＲＣＥ（資源の発見）の質問をしたらいいかな」「ＯＰＴＩＯＮＳ（選択肢の創造）の質問をしたらいいんだな」などと、それが自分自身のガイドラインになります。

　さらに、５つの柱を立てることによって、自分の質問力を高めることができます。

「誰か他の人の力を借りられませんか？」と聞いたら、「これは資源の発見の質問だな」、「今、君の充実度は何％くらい？」と聞いたら、「この質問は現状把握だな」等々、自分の質問をモデルに当てはめて分類することで、質問のスキルを体系的に磨いていくことができるようになるのです。

　必ずしもＧＲＯＷの順序通り進めなければならないということではありませんが、ＧＲＯＷモデルを用いると、コーチングを学びやすくなり、かつ上達しやすくなるのです。

GROW モデルのメリット

メリット 1

大目標と具体的な中小の
目標（アクション）がかみ合う

大目標

小目標

メリット 2

コーチングを進める上での
ガイドラインになる

RESOURCEの質問を
してみたらいいのかな？

メリット 3
自分の質問力を高められる

「今週ミーティングの
時間とれるかな」
これはRESOURCEの
質問だな

「今日はどこまで
達成できるかな」
これはGOALの
質問だな

何を目指しているのかを
はっきりさせる

コーチングではGOAL（目標）を明確にすることが大事。
抽象的な目標は、具体的な目標へブレイクダウンしよう

➡️ メンバーが目指す目標をはっきりさせよう

　コーチングを行うとき、最も大切なのが「目標の明確化」です。

　目指すところがどこなのかをはっきりさせることで、目標達成や問題解決への意志を持ち続けることができますし、そこに至るプロセスも変わってきます。

　ただし目標といっても、大きいもの、小さいもの、いろいろありますよね。

　大目標とは、いわば「行動のよりどころ」です。会社の経営理念に書いてあることがそうですし、お客様に喜んでもらう、働いていてよかったと思える職場にするなど、やや抽象的でも、誰もが共有できるものです。

　まずはこれを、メンバーの共通理解として設定しておきましょう。

　一方、小目標とは、今すぐ行動に移せるような具体的な目標のこ

SMART GOAL を設定しよう

		⭕		❌
S	pecific	**具体的**	↔	抽象的
M	easurable	**測定可能**	↔	達成できたか分からない
A	chievable	**達成可能**	↔	ムリ・ムチャ
R	ealistic	**現実的**(役に立つ)	↔	役に立たない
T	ime-bound	**時間が明確**	↔	いつか、そのうち

測定可能

来年の3月までに全員と2時間以上、1対1で話して、個別の目標を協議して設定する

達成可能

時間が明確

今月300件のお客様を回り、資料をお渡しするだけでなく、商品説明の入口まで持っていく

現実的 ———— **具体的**

とです。これは達成されたかどうかが分かり、現実的で時間がはっきりしているもの（ＳＭＡＲＴ　ＧＯＡＬ）であることが必要です。

抽象的な目標を具体的な目標にブレイクダウンしよう

メンバーの行動を促すには、どうしたらよいのでしょうか？

たとえば、「売上目標を達成しよう！」と言うだけでは、抽象的すぎて、うまくいかないことが多いものです。具体的にどうしたら売上目標を達成できるのかを考えるためには、この目標をブレイクダウン（細分化）する必要があります。

まずはその目標を、件数や時間、製品の分類などに細かく分けて考えてみましょう。

件数であれば「１日何件回れるかな？」、時間であれば「今月末までにどこまで達成できるかな？」、製品であれば「新製品何割、古い型何割でいく？」など、分類項目を立てて質問してみるのです。

このように分けて考えることで、具体性がぐんとアップします。

大切なことは、目標を上から一方的に押し付けるのではなく、質問を投げかけて相手に考えさせ、相手から引き出すことです。

相手があまりに低い目標を出してきたときには、「君ならもう少しできるよ」と、相手の実力よりも少し高めのストレッチ目標（→96ページ）を出すとよいでしょう。

目標をブレイクダウンしよう

大目標		ex
売上目標を達成	ブレイクダウン →	・ 今月末までに 　1000万円達成 ・ 1日に3件回る ・ 新製品6割、 　古い型4割の比率で 　商品を浸透させる

大目標		ex
雰囲気のよい職場づくり	ブレイクダウン →	・ メンバー同士、 　気づいたほうから 　声をかける ・ お互いに仕事の 　進度を把握する

大目標		ex
お客様に喜んでいただく	ブレイクダウン →	・ ラッピングをキレイに ・ お待たせしない 　（2分以内を目標に） ・ 受け取りやすい 　高さでお渡しする

何を目指しているのかをはっきりさせる

本当の問題は何かを見極める

REALITY（現実の把握）は、
目標までの手段を考える上でも重要なプロセス。
質問で相手の現状をつかもう

現状把握が目標達成への近道

コーチの語源は「大切な人を、現在その人がいるところから、その人の望むところまで送り届ける」ということでした。この「現在いるところ」、つまり現状の把握が、コーチングの大切なポイントです。

目標を達成しようとするとき、道程がいつも順調とは限りません。しかし、自分が今どのような状況にあるのか、目標までどのくらいの位置にいるのかを把握しておくことで、目標とする望ましい状況、理想の状態に到達するための手段を、考えやすくなります。

相手の意見を受け止めてから、
視点を変えて質問しよう

メンバーが自分の状況を的確につかむために、リーダーはどんな質問をしてそれを引き出せばよいのでしょうか？

現状を把握し、
よりよい方向を見つけよう

理想と現実の差を
解消すれば、
目標へ近づける

現状の把握が必要

1 質問で引き出す

「今、君は何が一番重大な問題だと思う?」

2 メンバーが答えたことにまずは共感し受け止める

「なるほど、それが壁だと感じるんだね」

3 他の角度から見るようアドバイスする

「ちょっと視点を変えてみないか?」

リーダー

ちっぽけな
箱なんじゃない?

メンバー

高い壁
なんです

まずは、相手の認識を共有することからはじめましょう。

「君は今、何が一番重大な問題だと思う？」「現状でうまくいっているところといないところを３つずつ挙げて」「現状は100点満点でいうと何点くらい？」などの質問で、相手の認識を引き出します。

　このとき、メンバーの認識を否定せず、共感的に受け止めることが大切です。

　たとえば、リーダーにとっては「ちっぽけな箱」のように小さな問題にすぎないことでも、あるメンバーにとっては「乗り越えられない壁」に見えていたとします。

　こんなときは「なるほど、壁に見えるんだね」とまずは共感的に受け止め、その認識を共有します。その上で、「ちょっと視点を変えてみないか」と促してみましょう。

　現状を聞き出すための視点には、いろいろなものがあります。

●「今は壁に見えるかもしれないけれど、３ヵ月後も同じ状況かな？」と、過去・現在・未来の時間軸で考える方法

●「どうしてこうなったのだろう？」と、原因と結果の因果軸で考える方法

●人、モノ、金、情報や、「５Ｗ１Ｈ」（「誰がいつ、どこで何をどう決断したからそうなったの？」など）の要素軸で考える方法

　こうした視点で質問することで、状況が詳しく的確に把握できるようになります。

現状を聞き出すための視点

●時間軸で考える

過去 — 現在 — 未来

2ヵ月後も同じ状況かな?

●因果軸で考える

原因 — 結果

こうなった原因は何だろう?

●要素軸で考える

- ・人、モノ、金、情報
- ・5W1H

人は足りているの?

お金は確保されているの?

お客様に関するデータはあるの?

解決に利用できそうなものを探す

いろいろなRESOURCE（資源）を駆使することは、
問題解決への糸口になる。
メンバー本人が資源に気づけるように働きかけよう

問題解決のために「資源」を有効活用しよう

3つ目のステップは、「資源の発見」（RESOURCE）です。

分かりやすく言うと、「目標を達成するため、あるいは問題解決のために、何か利用できそうなもの（資源）はないか？　と探すこと」です。

たとえば、多くの仕事を抱えてどうにもならないとき、他の人に援助をお願いしたおかげで乗り切れた、という経験はありませんか？

この場合は、「人」という資源を利用して、問題を解決したということができます。

人以外にも、モノ・金・情報・時間、あるいは、自分自身の成功体験などが資源として挙げられます。

問題にぶつかったときに、「何か使えるものはないか？」「使える時間はないか？」「過去にうまくいった例を活かせないか？」など、

資源の発見に使える質問

・「誰かの力を借りられない?」
・「それが一番得意なのは誰?」

・「コンピュータを使って効率化できないかな?」
・「準備しておいたほうがいい道具はある?」

・「その件について、予算は確保されてるの?」
・「来月、そこにいくらまで使えるのかな?」

・「社内でうまくいった事例はない?」
・「そのデータはどこで手に入る?」

・「今週ミーティングに使える時間はない?」
・「来月末までに20時間確保したいから
　スケジュールを組んでくれる?」

リストアップしてみよう!!

使えそうな資源を考え、これをリストアップすることで、解決策が見つかることがあります。

　できれば、頭で考えるだけでなく、実際に書き出してみると、客観的に見ることができるのでおすすめです。

▶ メンバーが資源に気づけるようにする

　問題解決のために必要な新しい知識やアイディアは、上から「これを使え」と押し付けるものではありません。

　むしろ、メンバー自身が、それぞれの内外にある「使える資源」に気づき、それを活用して主体的に動くことが大切です。

　リーダーは、メンバーが資源に気づけるような質問をして、メンバーから答えを「引き出す」ことを、常に心がけましょう。

　質問で引き出すことで、メンバーは「こんな方法もあるんだ」と発見し、一つの方法にとらわれた状態から解放されますし、不安が和らぐこともあります。

　また、資源を自分自身で考えさせるということは、「君に仕事を任せているよ」という気持ちの表れでもあります。自分が仕事を任されていると意識すれば、自信を回復し、新たな思いで取り組めるようになるものです。

自分の経験の中に資源を探そう

こんな経験
あったかな?

発見の糸口

1 うまくいった

2 無理だと思っていたけれど、できた

3 誰かの力をうまく引き出せた

4 ライバルがいたのでがんばれた

5 協力し合い、いろいろなメンバーの
相乗効果を引き出せた

解決に利用できそうなものを探す

メンバーから答えを引き出す

時間が
ないんです

使えそうな時間が
ないか考えてみよう

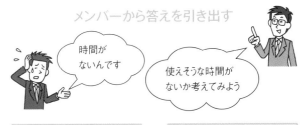

| 1週間を7日ととらえると | → | 1週間を168時間ととらえると |

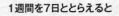

残り
2日間

仕事
5日間

時間がない

仕事
40時間

残り
128時間

プライベートを充実させれば
アイディアも出て能率も上がる

別の方法がないかを
探し出す

メンバーからOPTIONS（選択肢）を数多く引き出す。
その上で、ベストな方法を見つけ出そう

➡ 質問で選択肢を広げよう

　目指す目標を達成するため、あるいは問題を解決するためには、
「これまでのやり方」「いつものやり方」を繰り返すだけでは、うま
くいかない場合があります。

「選択肢は無限にあるのだ」という考え方に立って、「選択肢の創
造」すなわち新しい方法を見つけ出すことが大切です。

　他の方法をまったく考えずに、いつものやり方を踏襲してしまう
のは「短絡的な発想」といえます。これに対し、「数多くの選択肢
を考え、検討し、その中からベストの方法を選ぶ」のは「戦略的な
発想」です。

　では、戦略的な発想に立って、リーダーがメンバーから選択肢を
引き出し、最善の方法を見つけ出すためには、どんな質問をしたら
よいのでしょうか？

「これまでにないような、新しいやり方はある？」とまだ試したこ

選択肢を引き出す質問

1 過去ベスト 「今までで一番うまくいった方法は?」

2 未トライ 「まだ試したことのないやり方はある?」

3 組み合わせ 「AとBを組み合わせたらどうだろう?」

4 逆発想 「それとは逆に考えたらどうなる?」

5 極 論 「"こんなのありえない"という方法は?」

6 オーソドックス 「一番オーソドックスな方法は?」

 戦略的な発想に結び付く!!

別の方法がないかを探し出す

とのない方法について聞いてみたり、「今までで一番うまくいった方法は？」と過去にうまくいった事例を聞き出す、あるいは「ありえないような方法は？」と極論を出させるのも、ときに有効です。

　こうした質問で選択肢を広げながら、メンバーと一緒にベストの方法を考えるのがリーダーの役割です。

メンバーの出した選択肢を否定しない

　選択肢を増やすためには、グループや職場全体でブレーンストーミングを行うのも効果的です。これは、常識や固定観念にとらわれずに、柔軟な発想でアイディアを出し合い、新しいやり方を探る方法です。

　このとき大切なことは、どんな意見が出ても「そんなのはダメ」「それは無理でしょう」などと、否定や批判をしないことです。

　これは、ブレーンストーミングだけではなく、メンバーと1対1のコーチングを行うときでも同じです。メンバーが出した選択肢に対して、リーダーは否定や批判をせず、いったんは「なるほど」と受け止めましょう。

　なぜなら、目標達成に向けてベストな方法を選ぶためには、まずたくさんの選択肢を出しておくことが必要だからです。

ベストな方法を見つけ出す

ブレーン
ストーミング

アイディア

アイディア

アイディア

アイディア

別の方法がないかを探し出す

常識にとらわれず、自由なアイディアを出す

どんな意見が出ても、否定や批判をしない

たくさんの選択肢が出る

新しいやり方が生まれる

実現に向けて「やる気」を確認する

具体的な行動計画をスケジュールに書き込み、
その意志を確認するのが「WILL」。
コーチングはこれで締めくくろう

➡ あいまいな予定も、スケジュール表に書き込んで即、行動

　GROWモデルの最後のステップは「WILL」です。WILLとは、「目標達成の意志」「やる気」の確認という意味で、このやる気や意志を確認し、計画を策定する作業が、コーチングの締めくくりとして重要になります。

「やる気はあります」「がんばります」と口では言っても、つい、行動が先送りになってしまうことはよくありますよね。こうしたことを防ぐためには、「いつやるのか」「いつまでにやるのか」をはっきりさせることが大切です。

　たとえば「時間のあいたときにやろう」ではなくて、「明日の午後2時までに終わらせる」と目標を定めると、行動が促されます。計画を立て、スケジュール表に予定を書き込むことで、その行動が確実に実施されるようにサポートするのが、リーダーの役割です。

　行動計画を立てるとき、注意したいのは、仕事を「重要度」と「緊

予定を実行するための
タイム・マネジメント

1 「重要度」と「緊急度」で分ける

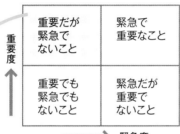

重要だが 緊急で ないこと	緊急で 重要なこと
重要でも 緊急でも ないこと	緊急だが 重要で ないこと

重要度 ↑

→ 緊急度

2 「重要だが緊急でないこと」 をスケジュール表に明記する

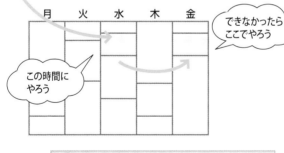

月	火	水	木	金

できなかったら
ここでやろう

この時間に
やろう

3 飛び込みの仕事が入ってしまった ときは、別の時間を確保

急度」で分けることです。重要で緊急なことには、誰でも優先して時間を割り当てます。一番やりくりに差がつくのは「重要だけれど、あまり緊急でない」ことです。メンバーの指導方針を決める、業務の効率化を考える、マニュアルをつくるなどの作業が、それに当たるでしょう。

　これらは「ちゃんと時間を確保しよう」と思っても、なかなか実行に移せないものですが、スケジュール表に明記すれば、具体的に行動を起こしやすくなります。その時間に飛び込みの仕事が入ったら、すぐに他の時間を確保して、その計画が流れないようにしましょう。

➡ 途中でチェックポイントを設けよう

　リーダーがメンバーに仕事を任せる場合、「いつまでにやっておいて」と締め切りだけを告げるのではなく、途中でチェックポイントを設けることが有効です。

　たとえば、半年で100％達成しよう、という目標があるとしたら、「いつまでに50％クリアできるかな？」「今月末までにどこまでできるだろう？」と、行動をスケジュール表に明記できるような目標を投げかけて、メンバー自身から答えを引き出しましょう。

　具体的な行動計画を立て、意志を確認することで、目標達成に向けての歩みはさらに確実なものとなるはずです。

目標達成の途中で
チェックポイントを設けよう

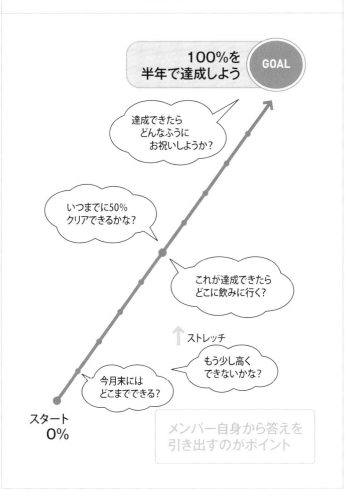

教えて！コーチング 3
問題解決 Q&A

Q Question
自分の営業スタイルに固執し、
アドバイスを聞き入れてくれない
メンバーにどう対応する？

A Answer

たまたま一度、ある方法で成功したために、次も、その次も、同じ方法で攻めようとし続ける。しかもよい結果が得られていないのに、その方法を変えようとしない…。それは、そのメンバーが固定観念に縛られている証拠です。そのような状態に陥っている相手には、「目的を達成するためには、手段はいくらでもある」ということに気づかせることが重要です。

たとえば、契約件数が伸び悩んでいるのに、訪問件数を増やすことしか頭にないメンバーだったとしましょう。「今、契約件数が伸び悩んでるよね？　どうしたらいいと思う？」と問いかけても、相手は同じ答えを繰り返すだけです。こんなとき、「他に何か、できることはある？」とひと言かけてみましょう。ポイントは、「問いかけ」の形をとることです。

「もっと他の手段もあるんだよ」と告げるだけでは、なかなか相手の心には訴えかけることができません。「できることある？」と問いかければ、メンバーはその問いに答えようとして、自分から頭を働かせはじめることができるのです。そして、何か答えを返してきたら、「いいね！」とあいづちを打ちましょう。ポジティブな反応を示すと、相手は「他の手段を考えつくのは、よいことなのだ」と感じ取ってくれます。

「選択肢を増やす質問」で、

目標達成の手段は無限だと気づかせよう

すぐに活かせる！コーチングのコツ

一人ひとりのメンバーの
力を引き出すコツ

チームメンバーの長所や持ち味を把握すれば、
能力開発目標はおのずと見えてくる。
能力に応じて、課題を与えよう

▶ 「プラスリスト」で
メンバーの力を把握しよう

　一人ひとりの力を引き出すためには、メンバーそれぞれのことを知る必要があります。あなたは日ごろ、メンバーのことをどれくらい観察し、把握しているでしょうか？　右ページの「プラスリスト」に記入してみましょう。

　まずは、チームメンバーの一人ひとりについて、

1　長所・持ち味は何か？

2　最近進歩したこと、成長したことは何か？

を書いてみてください。あまり書けなかった人については、コミュニケーションを増やして、相手の持ち味や強みを理解することが必要です。1と2が書けたら、

3　能力開発目標

を書き入れてみましょう。こうすることで、一人ひとりの持ち味を把握でき、日ごろの努力やプロセスを見逃さないようになります

プラスリストをつくろう

	長所・持ち味	最近の進歩	能力開発目標
例	協調性 思いやり	接客態度が よくなった	商品知識を アップ
Aさん			
Bさん			
Cさん			
Dさん			
Eさん			

あまり出てこないときは
コミュニケーションを
増やそう

本人の日ごろの努力やプロセスを
見ていると、次の課題が見える！

し、新たな課題が見えてきます。

能力に応じて、3つのやり方を考えよう

メンバーそれぞれの力に応じて、目標を達成させるためには、次の3つのやり方で課題を与えると、うまくいくようになります。

1 はじめの一歩を明確にする（ベビーステップ）

自信がない人に「できる」という自信を持たせるためには、まず確実にクリアできるような、やさしい目標を与え、徐々にハードルを高くしていきます。

2 ちょっと背伸びさせる（ストレッチ）

現状維持でも達成できる目標のままだと、実力が伸びません。背伸びをすれば初めて届くレベルの目標を設定し、職務遂行能力を高めていくのが「ストレッチ」です。ただし、ジャンプしても届かないほどに高すぎる目標だと、挫折感がつのるばかりで、やる気が下がってしまうので、達成可能性と能力開発のバランスをとった「やや高め」のさじ加減が大切です。

3 思い切った高い目標（ジャイアントリープ）

潜在力は高いのに、まだそれが十分に発揮されていないときには、思いきり高い目標を与えるのも一つの方法です。

すると、今までとは違う発想や仕事に取り組む姿勢を引き出すことができ、「こんなの無理だ」と思われていた高い目標をクリアして、その人の能力を爆発的に高める場合があります。

目標設定の3つのポイント

1 はじめの一歩を明確に ➡ ベビーステップ

2 ちょっと背伸びさせる ➡ ストレッチ

3 思い切った高い目標 ➡ ジャイアントリープ

○○部の月間目標

今週中に2件、成約しよう
（ベビーステップ）

来月は102％ね
（ストレッチ）

来年は800％いこうか
（ジャイアントリープ）

思いや指示が「伝わる」言い方のコツ

「伝える」と「伝わる」は違う。相手に確実に情報が
伝わるような明確な指示を出してこそ、
リーダーとしての責任を全うできる

➡ 「伝えたつもり」はNG

　人に「伝える」のと、相手に「伝わる」ことは違います。こちら
は伝えたつもりになっていても、それと同じ情報が相手の頭の中に
イメージされているとは限りません。

　むしろ、人は自分に都合よく解釈する傾向があるので、よほど工
夫しないとこちらの意図が伝わっていないことが多い、と考えたほ
うがよいでしょう。

　「オレはちゃんと言ったんだ、分かっていないあいつが悪い」とい
うのは、リーダーとしての責任を放棄していることになります。伝
わった情報を確認して、はじめて責任を果たしたといえるのです。

➡ 相手に「伝わる」ための３つのコツ

　では、相手にきちんと「伝わる」状態にするためには、どんなこ

「伝える」と「伝わる」は違う

不十分な伝え方ではイメージを共有できない!

相手に「伝わる」3つのステップ

1 人それぞれ解釈の基準が違う

2 自分の解釈で物事を進める

3 伝わった情報を確認する必要がある

とに気をつけたらよいのでしょうか？

　そのコツは次の３つです。

１　具体的な行動がイメージできる指示をする

　掃除してね、とお願いするときに「気を利かせてきれいにするんだぞ」では、人は動きません。「気を利かせる」「うまく」「すぐに」など、人によって解釈が異なる多義的な言葉を使うのはＮＧ。５Ｗ１Ｈを明確にして、できる限り具体的に説明しましょう。

２　背景情報を説明する

　リーダーが指示を出すとき、その指示がなぜ必要なのかという「背景情報」が分からないと、メンバーは自分のやっていることに意味が感じられなくなります。「なんでこんなことやらなきゃいけないんだ」となるわけです。

　一方、そのことがなぜ会社にとって必要なのか、なぜ社会貢献になるのか、自分にとってどういうメリットがあるのかが分かると、モチベーションが高まります。

３　もう一度確認して励ます

「きちんとやっておいてね」と１回言っただけでは、なかなか指示が徹底しないものです。

「もう１回確認するけど、今日はこういう状況なので、こんなふうにやってね。じゃ、みんながんばっていこう！」と指示を確認し、最後にエネルギーが高くなるような言葉で締めくくる。これが指示を明確に、元気よく伝えるコツです。

具体的な行動が
イメージできる指示を

① 具体的な行動がイメージできる指示をする

9時半から20分間、モップで床そうじをします。Aさんはこのブロック、Bさんはココ、3分前になったら、ぼくが点検します

方法

時間

場所

② 背景情報を説明する

今までとやり方が変わるけど、これは顧客満足度を上げようという全体的な取り組みなんだ

じゃあ
やるしかないな

③ もう一度確認して励ます

もう1回確認するよ。
今回は○○をこんなふうにやってね。
じゃ、がんばっていこう！

あ、そこ、忘れるところだった

任せられるメンバーを
育てるフォローのコツ

メンバーに思い切って仕事を任せるのは
とても大事なこと。
ただし、任せっぱなしにせず、しっかりフォローしよう

「任せて任さず」が人を育てるコツ

故・松下幸之助氏は、人を育てるためには「任せて任さず」が大事だと述べました。

適材適所の業務を任せることで、一人ひとりの自発性、責任感、やる気、創意工夫を引き出します。しかし、丸投げしてしまうと、壁に突き当たったり、つまずくこともあります。そうならないためには、任せっぱなしにせず、適切な「フォロー」を行うことが必要なのです。

フォローとは、メンバーの失敗の後始末ではなく、「進捗状況を把握し、成果を見届け、継続的なパフォーマンスの向上を図る」ことです。

たとえば、リーダーが伝えたつもりの指示が、実際にはメンバーに伝わっていなかった、ということは、よくありますよね。指示したからといって、相手が必ずその通りに動くとは限らないのです。

フォローとは？

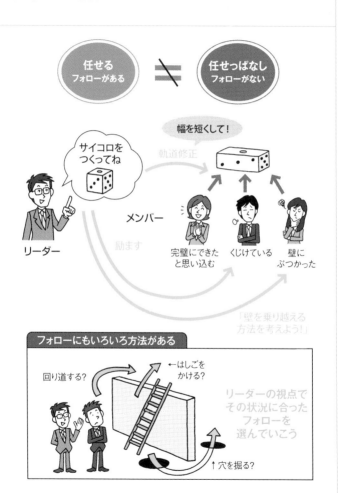

任せる
フォローがある

≠

任せっぱなし
フォローがない

幅を短くして！

軌道修正

サイコロを
つくってね

メンバー

リーダー

励ます

完璧にできた
と思い込む

くじけている

壁に
ぶつかった

「壁を乗り越える
方法を考えよう！」

フォローにもいろいろ方法がある

回り道する？

←はしごを
かける？

リーダーの視点で
その状況に合った
フォローを
選んでいこう

↑穴を掘る？

指示を出したら、その後の相手の行動や状況をよく見守りましょう。違う方向に行ってしまった場合には、軌道修正をすることが必要です。

また、メンバーがくじけていたら励まし、壁にぶつかっていたら、その壁を乗り越える方法を一緒に考える必要があります。そのときに応じて、フォローの仕方は変わってきます。

➡ フォローをするための3つのステップ

「フォローする」にあたっては、次の3つの行動を心がけましょう。

1 観察する

一人ひとりのメンバーの能力、意欲、仕事量を把握することが大切。とくに、在宅勤務中のやる気の把握を意識しましょう。指示通りに仕事が進んでいるかを知るため、メンバーの行動だけでなく表情や声の響きなどを細かく観察しましょう。

2 質問を投げかけて相手の現状を認識し、心情を把握する

「今、どうなってる?」「何か、私がサポートしたほうがいいことある?」などと質問して、進捗状況と、メンバーの心情を把握しましょう。

3 フィードバックする

もし、うまくいっていない場合には、一緒に対応を考えます。指示通りに進んでいればよし、違う方向に行ってしまった場合には、軌道修正をすることが必要です。また、メンバーがくじけていたら励まし、壁にぶつかっていたら、その壁を乗り越える方法を一緒に考える必要があります。

問題なく順調に進んでいる場合も、「うまくいってるね、その調子」とひと声をかけることが大事です。

フォローのための3ステップ

1 観察する

指示通りに
動いているかな？

メンバー

2 質問で現状の認識と心情を把握する

何かうまく
いかないことは？

××が
進みません

うまく
いってます

3 フィードバックする

こうしたら
どうだろう？

その調子！

メンバーのやる気を
さらに引き出すコツ

やる気のない人などいない。
低い状態にあるやる気を高めるために
その人がどんなときにイキイキしていたかを思い出そう

➡ やる気は「ある・なし」ではなく 「高い・低い」で判断

「あいつはやる気がない」という言い方をする人がよくいます。でも、これはNGです。なぜなら、やる気のない人などいないからです。

　人は、そのときによって、いろいろなきっかけでやる気が変化するものです。「やる気があるかないか」というデジタルな判断ではなく、「やる気が高いか低いか」というアナログ的な見方をするべきでしょう。

　また、「今、彼はやる気が低い状態にある」「ここ2週間、彼女はやる気が低い状態にある」というように、時間軸で見ていくことも必要です。

　仮に、今やる気が下がっている状態にあるとしたら、どんな理由で下がったのかを見極める必要があります。職場以外でも、健康や家族のことなど、理由はいろいろあるでしょう。それらを一切聴か

やる気は
上がったり下がったりするもの

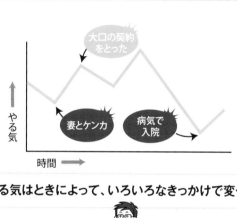

大口の契約
をとった

やる気

妻とケンカ

病気で
入院

時間

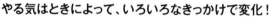

やる気はときによって、いろいろなきっかけで変化！

やる気が
低い状態

話を聴く

↓

理由を明らかに

✕ ただ
「やる気を出せ!!」
というのは無意味

解決できそうなとき

解決できないとき

GROWモデルへ　→P68

ひたすら話を聴いて共感

ずに、ただ「やる気を出せ」といっても、やる気は上がりません。

　メンバーの内側にある「やる気」を、その人のツボに合わせて引き出していく。それがよいリーダーの役割です。

▶ その人に応じた 「やる気ポイント」を見つけよう

　では、やる気を引き出すにはどうしたらよいのでしょうか？

　その人によって、やる気の高まる理由は違います。メンバーとのつながり感を持つことで高まる人もいれば、昇進昇格でぐんと高くなる人もいるでしょう。あるいは、何か新しいことにチャレンジすることで、やる気が刺激される人もいます。

　こうした理由を見つけるためには、「その人がどんなときに、イキイキしているか？」を思い出しましょう。そして、その人に応じた「やる気ポイント」が見つかったら、その実現に向けて、最大限協力することです。

　たとえば、社会貢献することに意義を感じるAさんには「この仕事をやると、どういう意味があるかなあ？」、昇進昇格したいBさんには「じゃあ、上を目指すために、こういうふうにがんばってみよう」などと持ちかけてみましょう。

　もし、やる気が出ない理由が、自分の提案ではとても解決できそうもないときには、とにかく話を聴いて共感すること。それだけでも、気持ちが軽くなるものです。

チームのまとまりが よくなるコツ

持ち味や性格の違うメンバーをまとめるには、
ビジョンを粘り強く伝えることが大事。
そのためのポイントを押さえよう

 4つのポイントを押さえて、
チームをまとめよう

チームを構成しているメンバーは、みんな持ち味や性格が違います
よね。いろいろな人が集まっているチームを一つにまとめるの
は、簡単なことではありません。

では、チームをまとめるためには、どうすればよいのでしょう
か?　そのポイントを4つ挙げてみましょう。

1 共通の目標を持つ

スポーツの場合は、試合に勝つ、記録を出すなど、具体的な目標
があるからこそ、みんなが一丸となることができます。でも会社で
は、「顧客満足度を高める」など、目標の意味が複雑なことが多い
ので、それに向かって一つになる、というのは難しいことです。

だからこそ、リーダーは自分の思っていることをメンバーに粘り
強く伝え続ける必要があります。一人ひとりに個別に伝え、さらに、
相手のやっていることが自分の意図していることと違ったら、細か

共通の目標とイベントが大切

1 共通の目標を持つ

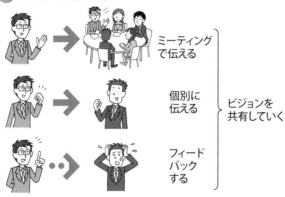

ミーティング
で伝える

個別に
伝える

フィード
バック
する

ビジョンを
共有していく

2 行事やイベントを大事にする

一緒に歌う

一緒に食事

レクリエーション

くフィードバックしてはじめて、ビジョンを共有できるのです。

2　行事やイベントを大事にする

　メンバーの絆を深めるためには、一緒に飲んだり食べたり、歌を歌ったり、レクリエーションをすることが大切です。日常的に、あるいはイベントなどで、みんなで力を合わせて何か一つのことをしてみましょう。

　オンラインのランチミーティングや午後のお茶会、軽いヨガやストレッチもチームの和を深めます。在宅勤務の場合、雑談の時間が減るために、孤独感を覚える人も増えます。おすすめBGMやストレス発散の方法に関する情報交換など、工夫してみましょう。

3　公平感がある

「あの人ばかりえこひいきして」「なんで私だけこんなに仕事が多いの？」といった不満を持つ人がいると、まとまりにヒビが入ります。公平さは非常に大事です。

　ただし、公平と平等とは違います。10人いたら10人に同じだけの分量を振るのではなく、能力や意欲に合わせて違う仕事の与え方をする。それでいて全体を見るとバランスがとれていて、不平不満のない状態を目指しましょう。

4　成長・達成の喜びが感じられる

　一生懸命やったつもりなのに、ほめてももらえないし、やりきったという手ごたえもないとモチベーションは下がります。すると一体感が失われてしまいます。仕事には節目を設けて、成長したね、達成したねと声がけをすることで、手ごたえを感じられるようにしましょう。

③ 公平感がある

Aさん　Bさん　Cさん

能力や意欲に応じて
仕事を割り振る
全体的なバランスをとる

④ 成長・達成の喜びが感じられる

この作業が終わったら
とりあえずお茶にしよう

**節目を
大切に**

売上1000万円が目標だけど
200万円までできたら
何かお祝いしよう！

ミスや失敗を次に活かすコツ

「やってみたがうまくいかなかった」のは、
失敗ではなく未成功。
そこから次につながるビジョンを見出そう

失敗と見るか、未成功と見るか？

本当の意味での失敗とは、何にもチャレンジせず、無為に時間が流れる状態のことです。現状維持ともいえますが、そもそも現状維持で仕事を無難にこなそうと思うと、たいてい結果は右肩下がりで低下していくものです。

「やってみたけれど、うまくいかなかった」というのは、失敗というより、むしろ「未成功」と見るべきでしょう。ある時点ではうまくいかなかったと思えるかもしれないけれど、それを次につなげて成功に導く。これが「失敗を活かす」ということです。

失敗を活かすには、よい「振り返り」をしよう

人には、よい学習者、悪い学習者、普通の学習者がいます。

普通の学習者は、自分が失敗したら、次には行動を修正する人で

失敗を"未成功"にするために

失敗

- チャレンジしない
- 時間だけが流れていく
- チャンスを失う

> ダメだったら
> あきらめよう…

> また失敗するのは
> イヤだから、
> 手を出さないで
> おこう…

未成功

- ある時点ではうまく
  いかなかったとしても、
  次につながる

> この方法を
> 取り入れたら
> うまくいくのでは?

> 次はこの
> タイミングで
> やってみよう

失敗を活かせるチームに!

115

ミスや失敗を次に活かすコツ

す。よい学習者は、自分が失敗する前に、他人の失敗から学べる人のことです。

悪い学習者は、痛い目を見ても、懲りずに何回も同じ間違いを繰り返す人です。チームのメンバーには、せめて普通の学習者以上にはなってほしいですよね。

では、どうしたら「普通以上」になれるのでしょうか？

それは「きちんと振り返るかどうか」にかかっています。振り返りとは、どこがうまくいったのか、課題は何かを見て、次にはどうしたらよいのかを考えることです。

うまくいかなかったとき、くよくよするだけで何も考えないと、同じことを繰り返してしまいます。でも、これを学習の機会として振り返ることで、失敗を活かすことができるようになるのです。

ただ注意したいのは、振り返るときに、「ここがうまくいかなかった」「あそこがダメだった」と悪い点ばかり見ないことです。これではネガティブなイメージトレーニングをしているのと同じで、モチベーションが下がるだけです。

また、次にどうするかというビジョンをあわせて考えなければ、同じ失敗を繰り返してしまいます。

うまくいかなかったように見えることでも、よかった点は必ずあります。「長時間がんばったよね」「こうすればうまくいったかもしれないね」と前向きに振り返り、次にどうするか、具体的な行動計画まできちんと考えておくことで、次の行動が改善されるのです。

よい"振り返り"をしよう！

よい学習者	普通の学習者	悪い学習者
他者や他の組織の失敗から学ぶ	痛い目を見たときに学習する	懲りない

この違いは？

↓

ちゃんと 「振り返り」 をしているか？

- うまくいった点を見る
- 次にどうするかを考える

評価・反省だけ

- 悪かった点ばかり見る
- 次へのビジョンがない

教えて！コーチング **4**
問題解決 Q&A

Q Question

積極的に営業できないのは、
自社製品に自信がないからだと言う
メンバーにどう対応する!?

A Answer

うちの商品よりも価格が安い、他社のほうが品質がよい…などなど、商品の欠点が目について、強い態度で売り込むことができないメンバーも、確かにいるでしょう。予算やその他の関係で、「完璧」とはいえない商品を出さなくてはならないことは多々あります。そのたびに自信をなくして、売り込めなくなっているようでは問題です。

その際に有効なのは、「君から見て、この商品の何が好き？」という問いかけです。「そのメンバーが商品に自信を持てない」ということは、言いかえると「そのメンバーがその商品のよさを引き出せていない」ということです。完璧ではないにせよ、よい部分がゼロであるはずはありません。欠点ばかりに着目するのではなく、こうした問いかけで、よいところに気づかせるのです。そして、相手が何か一つでもよい部分を指摘することができたら、「なるほど、それならば、そのことをお客様の前で強調してごらん」と、すすめてください。

それでも、相手の中に迷いが残っているときは、怒るのではなく、むしろ、「君はお客様の気持ちを真剣に考えるんだね」と、ほめましょう。相手の持つ長所は、「今すぐ」役立つものではないかもしれません。しかし、顧客が満足するものを提供したいと強く願うことは、とりわけ営業職になくてはならないスピリットです。そこを積極的に評価してください。

仕事や商品への愛情を確認し、

相手の気づきを促そう

コーチングの
ケーススタディ11

はじめてリーダーに なったときのコーチング

メンバーとの信頼関係を築くには、
最初のスピーチが肝心。
オープンな姿勢で協力を求めよう

➡ 最初はみんな不安だった

　はじめてリーダーになったときは、誰でも不安になるものです。今、リーダーとして素晴らしい活躍をしている人でも、「はじめて」のときは、おっかなびっくり、試行錯誤だったはずです。あなただけではなく、最初はみんな自信がないのです。

　ただ、それを隠そうとしても、メンバーには伝わります。不安な気持ちを隠すのではなく、「リーダーとして一生懸命やります」という気持ちを伝えることが大切です。そして、「みんなと一緒にやっていきたいんだ」という「LET'S」の姿勢を示しましょう。

　また、「自分の専門外のことや知らないことがある」ために不安な気持ちになる場合もあります。そんなときこそ、メンバーから教えてもらうチャンスです。

　まずはしっかりメンバーと面談し、一人ひとりの強みや持ち味、仕事の進捗状況、忙しさなどをちゃんと把握すること。これがリー

不安は誠実さでカバーしよう

ケース1 25歳でリーダーになったばかり。
20歳のBさんとどう面接する?

悪い例

リーダー 「(うつむきながら)今度、ぼくがリーダーになりました。このチームには、○○の目標が与えられているので、がんばってください…」

B さん 「はい…」

リーダー 「あの、何か意見はありますか?」

B さん 「前のリーダーはもうちょっと具体的な方針を示してくれたんですが、ただがんばれと言われても、どうがんばればいいのか分かりません」

リーダー 「えっ…まあ、前のリーダーはそうだったかもしれませんが、私はみなさんの自主性を重んじたいと思いますので…とにかくがんばってください」

✖ ここがNG

＊自信がないのを取り繕っても伝わってしまう!
＊Bさんが何を担当し、どんな忙しさで、どんな性格なのかを、リーダーが把握しないまま「とにかくがんばって」と言っても、放置されたような印象を残すだけ。

ダーとしての第一歩です。

まずは最初のスピーチで、メンバーの心をつかもう

リーダーになったとき、肝心なのが最初のスピーチです。メンバーとの信頼関係を築くためには、どんな点に心がけて話したらよいのでしょうか?

「このチームのリーダーをやることになりました。正直、ドキドキですが、一生懸命やるので協力してください。目標達成のためには、今まで以上にがんばっていただかなくてはなりません。つきましては、みなさんの状況をよく把握したいので、面接をします」

このように、「ドキドキしている」という本心を率直に伝えると、「自信がありません」と言うよりは前向きに受け止められやすいはずです。加えて、「みんなのことをよく知りたい」と伝えておくことも大切です。

また、個別に面接を行うときは、緊張しているメンバーの立場に立って、話しやすい雰囲気づくりを心がけましょう。そのためには、相手が答えやすく意欲や興味、エネルギーが高まるような質問を意識します。

「複数のプロジェクトの中で、一番やりがいを感じるのはどれか」「その理由は何か」「それに対してどんな思いがあるのか」など、選択肢の中から選ばせて、ヒットしたところを深掘りしていくのが質問のコツです。事前に「こいつはこういうヤツだ」と固定観念をつくらずに、相手に興味を持って、真摯な質問を心がけてください。

まずは思い込みを捨て、
相手に興味を持つ

ケース1 25歳でリーダーになったばかり。
20歳のBさんとどう面接する?

よい例

リーダー 「Bさんは、このセクションに来てどのくらいですか?」

B さ ん 「2年です」

リーダー 「今、担当しているプロジェクトは何本ありますか?」

B さ ん 「現在○○と○○、○○の3本を担当しています」

リーダー 「なるほど。一番やりがいを感じるプロジェクトはどれですか?」

B さ ん 「▽△商事のシステムは自分の意見が多く採用されたので、思い入れがあります」

リーダー 「そのことをもう少し詳しく聞かせてくれませんか?」

⭕ ここがGood

＊メンバーの答えやすい「事実関係の質問」からスタートしている。
＊「あなたがやりがいを感じる仕事は?」と漠然と質問するのではなく、「一番やりがいを感じるプロジェクト」を1つ選ばせている。他との比較の視点があると答えやすい。

自信が持てない
メンバーへのコーチング

「しっかりやれ」というだけでなく、
具体的な勉強の仕方を伝えよう。
相手からその方法を引き出すほうがよい

➡ 具体的な学習方法を伝えよう

　お客様からの質問に対して、適切な応対ができていないメンバーを見ると、「どうしてそうなんだ」ともどかしく思いますよね。こういうときに、「それじゃダメだ」とメンバーを怒ったり、「こうすればいいじゃないか」とすぐにやり方を指示してしまいがちです。

　でも適切に答えられなかった原因が、商品知識の不足から来ている場合、果たして一方的に叱責したり答えを与えるやり方でよいのでしょうか？

　商品知識が足りない人を責めてもはじまりません。右図の会話例では「とにかくしっかり勉強しろ」と言っていますが、多くの場合、商品知識を身につけるためにはどうしたらよいのか、その勉強の仕方が分からないから、知識が身についていないのです。

　ですから、「勉強しろ」と丸投げするのではなく、具体的な学習方法を伝えることが大切になります。

責めても改善にはつながらない

ケース2 ディーラーでお客様に満足のできる返答ができなかったCさんに、どう指導する?

> **悪い例**

リーダー 「さっき、お客様にエンジンの構造について聞かれて『私はメカニックではないので』と答えていたけど…」

C さん 「はい」

リーダー 「きみさ、自動車会社の社員は車のことを何でも知ってないといけないんだよ。もっと勉強しないとダメじゃないか」

C さん 「はい…」

リーダー 「たまたまいいお客様だったからよかったけど…。これでは営業担当者として失格だぞ」

C さん 「すみません」

リーダー 「とにかく、しっかり勉強してくれよ」

✖ ここがNG

＊「車のことは全部知っていなきゃいけない」は無理な注文!

＊「勉強しろ」というばかりで、勉強のやり方については何も触れていない

＊「営業担当者として失格だ」などとネガティブなイメージの言葉を使っている

無理なく自信を回復させる

　具体的な学習方法は、無理な方法ではなく、実現するのが可能な方法でなければいけません。できれば、それを質問で相手から引き出すのが望ましいでしょう。

　メンバーの自信を回復させるためには、「商品に詳しくなるって楽しい！」と思えるように話をするのもよい方法です。

　たとえば「この車の排気量は？」「1992cc」「ピンポーン！」というように、相手が答えられるようなクイズを日常会話の中に織り交ぜてみる。あるいは、お客様にうまく説明できているときには、「勉強の成果が出ているね」「今の説明、よかったよ」などと、声をかけてみる。

　小さなことですが、きっと勉強してよかったと思え、さらに学習意欲が高まるはずです。ぜひ、日ごろから、相手の意欲を高めるような会話を意識してください。

　小さな目標（ベビーステップ→96ページ）をクリアでき、学ぶ喜びが感じられるようになったら、次はさらに商品知識を深めるために資格を取らせるとか、誰かの指導係にさせるなど、いろいろなやり方で、さらにステップアップできれば理想的です。

　メンバーの可能性ややる気を引き出し、成長を促すことを視野に入れて、コーチングすることを心がけましょう。

実行できるよう具体的に提示

ケース2	ディーラーでお客様に満足のできる返答ができなかったCさんに、どう指導する？

よい例

リーダー 「さっき、お客様の質問にパシッて答えられていなかったみたいだけど」

C さん 「私、メカニックではないし、エンジンの質問されても分からなくて…」

リーダー 「車の仕組みはどんどん高度化しているしね。でもエンジンは車の心臓だから、基本的なことは知っておきたいね。どんなふうに勉強したらいいと思う？」

C さん 「カタログを読んでも、よく分からないんです」

リーダー 「カタログ以外に情報源はないかな？」

C さん 「車の構造書とかですか？」

リーダー 「いいね、そのあたりからはじめよう。ぼくも相談に乗るし、整備部門のFさんも分かりやすく説明してくれると思うよ。一緒に勉強していこう」

⭕ ここがGood

* 相手に共感し、「全部は知らなくてもいいよ」と安心させている
* 勉強の仕方を相手から引き出している
* 自分も協力を申し出ている
* 整備部門のFさんという他の資源（→P80）を提案している

やる気満々の
メンバーへのコーチング

意欲の高さや熱意を積極的に活かすのが大切。
いい意味で調子に乗せて、
相手のエネルギーを引き出そう

⇒ 目標に念を押しても意味がない

やる気満々のメンバーにアドバイスしようとしたはずが、かえってリーダーがその足を引っ張ってしまうことがあります。

よかれと思って、はっぱをかけているつもりなのに、かえって相手の意気を消沈させてしまった…。こうならないためには、どうしたらよいのでしょうか?

右図の悪い会話例を見てみましょう。「絶対大丈夫だろうな?」と念を押すのは、「必ず明日までに提出してね」というような、具体的な行動に対しては有効です。でも、「絶対に達成できるんだろうな?」などと、結果目標に念を押すのは効果的とはいえません。

また、ダメなほう、うまくいかなかったほうをイメージさせるのはネガティブイメージトレーニングの典型例。しっかりしてほしい、というリーダーの気持ちが空回りしていて、まったくうまくいっていません。

ネガティブイメージは
相手の意欲を削ぐ

ケース3 意欲的なメンバーには、どう指導する？

> **悪い例**

リーダー	「昨日の会議できみが提案した件だけど、必ずうまくいくのか？」
D さん	「そう言われると…。絶対とは言えないんですけど、たぶん…」
リーダー	「そんないい加減なことじゃ困るよ。提案するときは、ちゃんと確信持って出さなきゃダメじゃないか」
D さん	「そうなんですけど…」
リーダー	「もしうまくいかなかったら、きみだけじゃなくて、ぼくの責任にもなるんだからな。しっかりやってくれよ」
D さん	「はい、がんばります…」

✕ **ここがNG**

＊ビジネス活動に「絶対」はありえない。「100％目標を達成しろ」というのは脅し同然！
＊うまくいかなかったことを念頭に置いて話をしている
＊結果として、意欲的なメンバーを意気消沈させてしまった

やる気のあるメンバーの、その意欲の高さ、仕事への熱意は、素晴らしい長所。その長所を活かさない手はありません。ぜひ、よい意味で調子に乗せて、エネルギーを引き出すようなコーチングをしましょう。

右図の会話例では、目標が達成できた場面をイメージさせています。成功のビジョンを描くことは、目標を実現する上でとても有効なことです。さらに、そのビジョンをリーダーが認め、ともに達成を喜ぼうという姿勢を示すことで、支援の気持ちも表せます。

リーダーがメンバーから謙虚に学ぶ姿勢を示し、感謝の気持ちを伝えているのもポイントです。こうすると、メンバーは励みにもなりますし、目標達成への意欲がさらに高まるものです。

また、会話には入っていませんが、「仮に失敗しても、失うものはないぞ」「うまくいかなかったときは、ぼくも一緒に謝るから」と、気持ちを楽にさせるような発言も効果的です。

組織やチームというものは、がんばっている人がもっとがんばることによって、波及効果が出るものです。リーダーがへんな嫉妬心を持ったり、「浮わつくんじゃない」と足を引っ張るようなことは言うべきではないですね。

成功をイメージさせて力を引き出す

ケース3 意欲的なメンバーには、どう指導する?

よい例

リーダー 「きみの提案が通って、N社との契約が結べたとするよ。その様子をイメージするとどんな感じかな?」

D さ ん 「うーん、N社の担当と信頼関係ができて、具体的な話し合いをしているところでしょうか」

リーダー 「なるほど、いいね。ぜひそうなるように、がんばろうじゃないか」

D さ ん 「はい」

リーダー 「そのために何かプラスアルファでできることとしては、どんなことがある?」

D さ ん 「自社製品に切り替えたときのメリットをビジュアルにまとめてみたいと思います」

リーダー 「それもいいね。いいところに気づいたな。今回の件はいい提案だったよ、ありがとう。きみの意欲的な姿勢には、私も見習うことが多いよ」

ここがGood

＊成功のイメージを具体的に描かせている
＊プラスアルファの行動を引き出している
＊リーダーも学ぶ姿勢、感謝の気持ちを示している

ミスを繰り返す
メンバーへのコーチング

何回言っても分からないのは、
指導する側にも問題がある。
成功のイメージが持てるような言葉がけをしよう

> ## ミスを指摘する側の態度にも問題がある

何度言っても、同じミスを繰り返すメンバーに対しては、ついイライラして「何回言ったら分かるんだ」「いつも同じミスばかりしてるじゃないか」などという言葉が、口をついて出てしまいがちです。

でも、ミスをするたびにこんなふうに責められたら、相手はますます萎縮して、モチベーションが下がってしまいます。また、「こんなミスばかりしてダメな私」と思うと、そのイメージが刷り込まれて、さらにミスが増えてしまうものです。

そもそも、同じ注意を何回しても効果がないのに、またそれを繰り返すのは意味のないことだと思いませんか？　何回も同じ注意をしている側にも問題があるのです。

もし、注意して言い訳が返ってきたら、それは相手側の防衛的な反応です。言い訳を言わせた自分側のコミュニケーションのアプ

ケース4　**ミスを繰り返すメンバーには、どう指導する?**

> **悪い例**
>
> リーダー　「おい、この伝票、入れる箱が間違ってるぞ。もう今週
> 　　　　　4回目だな、何回言ったら分かるんだ。ちゃんと仕分
> 　　　　　けしてくれよ。きみはいつもそうじゃないか」
>
> K さ ん　「すみません…」
>
> リーダー　「朝メシ、ちゃんと食ってるのか?」
>
> K さ ん　「…?」
>
> リーダー　「朝はちゃんと食事して気合い入れてこいよ。ボーッ
> 　　　　　としてるからミスが増えるんだよ」
>
> K さ ん　「はぁ…」
>
> リーダー　「今度ミスしたら、ただじゃすまないぞ」

✕ここがNG

＊現状のミスを指摘しているだけで、何の改善策も示されていない
＊朝メシ食ってないんじゃないか?　という勝手な想像で、ものを
　言っている
＊「いつもダメ」という言い方では、「いつもダメな私」というイメー
　ジが刷り込まれ、かえってミスが増える
＊「ただじゃすまないぞ」は恐怖心をあおり、パワハラになる

ローチを変えてみる必要があります。

➡ 相手に「成功」のイメージを持たせよう

　ミスしたくてする人などいません。どうしたらミスを減らせるのでしょうか？

　それには、「成功」のイメージを持てるような言葉をかけるのです。

「伝票をちゃんと仕分けできるようにするには、どんなことができる？」というように、具体的なアクションを相手から引き出すような質問をしてみましょう。

　もし、相手が「どうすれば成功なのか」「何をすれば成功なのか」が見えていない場合には、「こうすれば、うまくいくよ」と、具体的に成功のイメージを示してあげます。

　最後に、「きみならできるよ」と期待感をこめたり、相手の「できる感」を信じるコメントを加えるとよいでしょう。

　もちろん、理想的なコーチングができたからといって、すぐに失敗がなくなることはないかもしれません。でも、こまめに報告をさせる、作業を一緒に確認する時間を増やす、疑問が出たときに尋ねやすい場所にいるなど、環境づくりにも気を配りながら、相手ができるようになるとひたすら信じる態度が大切です。

　もし、途中で改善が見られたら「よくなったじゃないか」と励ましの言葉をかけて、モチベーションを高めることも忘れないようにしましょう。

「イメージ」と「対処」を導き出し
粘り強く支える

ケース4 ミスを繰り返すメンバーには、どう指導する?

よい例

リーダー 「あれ?　また伝票の分類が違ってるなあ(独り言のように)」

K さ ん 「すみません、気をつけたつもりだったんですけど」

リーダー 「まあ、ミスは誰でもあるから。でも、最近少し増えてるような気がするんだけど、調子はどう?」

K さ ん 「ちょっと睡眠不足で、集中力が欠けているのかもしれません」

リーダー 「そう、睡眠はちゃんととろうね。ミスを減らすために、どんなことができるだろう?」

K さ ん 「この箱に入れる前に、もう一度、1枚ずつ確認したいと思います」

リーダー 「それを徹底すれば、きみなら大丈夫だよ」

ここがGood

＊集中力が下がる原因があるのか、体調のことも配慮している
＊相手から具体的なアクションを引き出している
＊「きみなら大丈夫」という、相手の「できる感」を引き出すコメントで締めくくっている

積極性のない
メンバーへのコーチング

相手を責めたり、否定するのはNG。
まずは感謝をして有能感を高め、
具体的な行動を引き出そう

➡ 「指示をきちんとこなす」ことを まず認めよう

言われたことはやるけれど、自分で気を利かせて積極的に仕事をすることができない、あるいは指示されないと動かないメンバーには、どんな働きかけをしたらよいのでしょうか?

いきなり「きみは気が利かないなあ」などと決めつけて、相手を責めるような感じになってしまうと、言われたほうは自己肯定感や有能感を思いきり下げられたように感じます。そこへ、「きみは何をすべきだと思う?」と質問されても、なかなか答えられないものです。これでは、「質問」ではなく「詰問」になってしまっています。

見方を変えると「言われたことはやる」のです。ならば、まずはそのことをきちんと認めましょう。右図の会話例では「それは最低限のこと」と言っていますが、言われたことをきちんとできるのは素晴らしい、ありがたい、と思えるリーダーのほうが、人をうまく動かせるものです。

ケース5	指示されないと動かないメンバーには、どう指導する?

悪い例

リーダー 「きみは気が利かないなあ。自分から進んで仕事をしなくちゃダメじゃないか」

O さ ん 「すみません。でもご指示いただいたことはやっているつもりなんですけど」

リーダー 「それは最低限だからさ。お客様へのサービスは、決められたことだけじゃダメなの。お客様に感動を伝えないと!」

O さ ん 「はい、分かっているんですけど…」

リーダー 「分かってたら、ちゃんとできるでしょ。ほら、今何すればいいの?」

O さ ん 「えっ、そう言われても…」

リーダー 「もう、パッと動かなきゃ。あっちの梱包の手伝いでもしたらどう?」

✕ ここがNG

＊「おまえは気が利かない」と決めつけると、ますますそうなってしまう

＊「できないヤツ」と有能感を下げてしまうと、「やるべきことは?」と聞かれても答えられない。質問ではなく詰問になってしまっている

＊言われたことはやっているのに、それに対して評価も感謝もしていない

＊リーダーが一方的に仕事の指示を出している

相手の可能性を信じ、それを引き出すことが大切

言われたことしかやらないというのは、言われたことが多すぎるのかもしれないし、細かすぎるからかもしれません。一方的に「できない」と決めつけるのではなく、相手の可能性を信じて、そこに目を向けることが大切です。

まずは、現状を否定せず、「指示したことをきちんとやってくれてありがとう」と感謝することからはじめましょう。

感謝すると、相手の有能感が引き出され、「自分は大切にされている」と感じます。すると、「このリーダーのためにがんばろう」という気持ちが、自然とわいてくるものです。

このように、きみはできる、きみを大切に思っているという気持ちを伝えた上で、「よりよい仕事をするために、具体的に何をしようか?」と質問をしてみましょう。

リーダーが仕事を指示したり強要するのではなく、メンバー自身が自主的に考え、行動できるような問いかけで、答えを引き出すわけです。

返ってきた答えがどうであれ、「その程度じゃダメだ」などと否定はしないこと。「それはいいね」と認め、励ましたり、「一緒にがんばろう」と「LET'S」の視点で受け止めることが大切です(→22ページ)。

ケース5 指示されないと動かないメンバーには、どう指導する?

よい例

リーダー 「さっき頼んでおいた件、きちっとこなしてくれて助かったよ、ありがとう」

Oさん 「はい」

リーダー 「きみは自分の責任をちゃんと果たす人だけど、さらにお客様に喜んでいただくためには、どんなことが大切だと思う?」

Oさん 「リーダーがよくおっしゃっているように、感動していただけるサービスをご提供することでしょうか」

リーダー 「そう、感動サービスがうちのモットーだからね。そのためには、どんなことができるだろう?」

Oさん 「えー…向かいのお店のお見送りの姿勢が素敵なので、見習いたいと思います」

リーダー 「それはいいね、さっそくやってみよう!」

ここがGood

＊「責任を果たす人」と相手の有能感を引き出している
＊現状を否定せず、さらに喜んでいただくためには?　という聞き方をしている
＊「感動サービス」という抽象的な目標を具体化するための質問をしている
＊相手の出した答えに対して「それはいいね」とその行動を励ましている

反抗的なメンバーへの
コーチング

反抗的な人には、声をかけるタイミング、話し方、
話の枕に気を配ろう。
自分はあくまでも笑顔で穏やかに

 声をかけるときは、
ねぎらいや感謝の言葉から

　何かと反抗的で、すぐケンカ腰になるメンバーは、扱いにくい存在といえます。

　反抗的な理由はいろいろあるのですが、プライドが高かったり、自分のやっている仕事に対してケチをつけられたくない、という防衛的な気持ちがある場合が多いようです。

　そういう人に対しては、声のかけ方に注意しましょう。

　右図の会話例では、何の枕もなしに、いきなり「あの件、どうなってる？」と聞いています。普通の人ならこれでとくに問題はないのですが、反抗的な人は「何か言われるんじゃないか」と構えてしまったり、過去のトラウマで自分が責められているように勝手に感じてしまう場合があります。

　まずは、ねぎらいや感謝の言葉、ほめ言葉をかけ、ワンクッション置いてから本題に入るとよいでしょう。

ケース6　反抗的なメンバーには、どう指導する?

悪い例

リーダー　「あのお客様のケース、どうなってる?」

M さ ん　「いや、うまくいってますよ。なんですか?」

リーダー　「別にきみのことを責めているわけじゃないんだが、前回クレームが発生したから、その後うまく対応できているかなと思って」

M さ ん　「まるで、ぼくがきちんと対応できていないみたいじゃないですか」

リーダー　「そんなに反抗的になるなよ」

M さ ん　「べつに反抗的になんかなってません」

✗ここがNG

＊いきなり「どうなってる?」と状況把握の質問から入ると、反抗的な人は責められているように感じることがある
＊反抗的なそぶりに対して「反抗的になるなよ」と言うのは、売り言葉に買い言葉

にこやかに、落ち着いて対応しよう

　反抗的な人に対しては、声をかけるタイミングも考える必要があります。

　空腹時や、忙しいときに声をかけると、誰でも機嫌よく答えるのは難しいものです。ましてや反抗的な人なら、ますます「余計なこと言うなよ」というモードに入ってしまいます。おだやかに話を聞いてもらえそうなときを見計らって、声をかけることが大切です。

　また、言葉に微妙な硬い響き、冷たい響きを感じ取ると、さらに態度が硬化する場合があります。トーンを抑えめにしながら、ややゆっくりと、やさしい感じの声で話すようにすると、相手に受け入れられやすいでしょう。

　やってはいけないのは、「あなたは反抗的な人だ」と口にすることです。こう言うと、火に油を注ぐことになり、「べつに反抗的になんか、なってません！」と売り言葉に買い言葉で、険悪なムードになってしまいます。

　たとえ、相手が反抗的なそぶりを見せたとしても、自分は努めてにこやかに、落ち着いて対応しましょう。ときにはトゲのある言葉を言われることもあるかもしれません。でも、いちいち取り合わずに、静かに息を吐いて「柳に風」と受け流すこと。難しいことですが、これがうまく対応する秘訣です。

ケース6　反抗的なメンバーには、どう指導する？

よい例

リーダー　「○○のお客様の件、いつも熱心に取り組んでくれて
　　　　　　ご苦労様」

M さ ん　「いや、べつに…」

リーダー　「前回はクレームが発生したけど、きみがうまく対応
　　　　　　してくれたんで、ぼくとしても安心してるよ。念のた
　　　　　　め、今の状況を聞かせてくれないか？」

M さ ん　「とくに問題ありません」

リーダー　「そうか。ぼくとしても、細かい状況の変化をきちんと
　　　　　　把握しておきたいので、日報をちょっと詳しめに書い
　　　　　　ておいてもらえると助かるんだけど」

M さ ん　「はい、分かりました」

ここがGood

＊最初に「いつもご苦労さん」とねぎらいの言葉をかけてワンクッ
　ション置いている
＊前回、クレームが発生したことを、「また発生すると困るから」では
　なく、「うまく対応してくれたね」とほめる材料に使っている
＊日報を詳しく書くという行動にこぎつけた

年上で扱いにくい メンバーへのコーチング

「やりにくい」と感じているのはお互いさま。
つながり感をキーワードに、ともに働きやすい職場を
つくる姿勢が大切

お互いの「つながり感」を大切にしよう

　メンバーの中に、自分より年上の人がいる場合、どう接したらよいか戸惑うことがありますよね。年上だから失礼になってはいけないし、でもリーダーとして言わなければいけないこともあるし…と板挟みになって悩むこともあると思います。

　でも恐らく、やりにくいと感じているのは、相手も同じです。とくに相手が経験豊富な場合、「なんで私が…」と腐っているかもしれません。派遣社員や契約社員など、契約形態が違う場合には、決められた業務内容以上の仕事には積極的でない場合もありえます。

　では、どんなふうに接したらよいのでしょうか?

　大切なのは、つながり感です。人と人との心のつながりで、共感しながら一緒に働きやすい人間関係や職場をつくっていくこと。これは年齢や契約形態の違いなど関係なく、誰にとってもプラスになることです。

自己中心的な依頼でつながりを壊さない

ケース7 | 契約形態の違う年上のメンバーに、どう指導する?

悪い例

リーダー　「Sさん、すみません。新人のWさんの面倒をもっと見てほしいんですけど」

S さ ん　「えっ、どうして私がやらなくちゃいけないんですか?」

リーダー　「Sさんのほうが実績もあるし、経験も豊富だから、仕事のことを教えていただきたいんですよね」

S さ ん　「私は派遣ですから、そんなお給料はもらっていません。新人指導は私の仕事でもないですし…」

リーダー　「そんなこと言わずにお願いしますよ」

S さ ん　「困ります…」

リーダー　「そこをなんとか…」

✗ ここがNG

＊新人の指導は、リーダーにとっては必要なことでも、Sさんにとっては何のメリット感もない

＊相手の都合も考えず、唐突にお願いを切り出している

相手を立て、教えを請う姿勢が大切

　右図の会話例は、派遣社員のＳさんに、新人の面倒を見てほしいとお願いしているシーンです。

　新人指導は、リーダーから見ると確かに必要なことなのですが、Ｓさんにとっては「お願いします」と言われても、まったくメリットが感じられません。Ｓさんにとってもプラスになるんですよと、お得感、メリット感を出して話をするのがコツです。

　また、話をはじめるときに、唐突に「お願いします」というのは、あまりに自己中心的です。やはり年上の人には、それなりの配慮が必要です。

　たぶん、相手は「年下のリーダーはやりにくい」と感じているはずですから、その抵抗感を少しでも払拭するために、「教えを請う」姿勢で接しましょう。「経験豊富でいらっしゃるから」「力を貸してほしい」と相手を立てる言い方も効果的です。

　たとえリーダーとメンバーという位置づけであっても、役職を盾に、あるいは責任感のみにかられて、一方的に命令したり、お願いや指示を出したりするのは、望ましいことではありません。相手の立場に立って、謙虚な姿勢で接すること。

　また、共感できるポイントを見つけて、ともに働きやすい職場づくりに協力し合えるような関係を築くことが大切です。

ケース7　契約形態の違う年上のメンバーに、どう指導する?

よい例

リーダー　「ちょっといいですか?　経験豊富なSさんの意見を伺おうと思って」

S さ ん　「なんですか?」

リーダー　「新人のWさんの仕事ぶり、どう思います?」

S さ ん　「私が言う立場ではないんですが…」

リーダー　「ぜひ、参考にさせていただきたいんです」

S さ ん　「アイディアは豊富なんですが、すぐ気が散るんですよね」

リーダー　「Sさんもそういう認識でしたか。実はぼくもそう思ってたんです。Wさんがもっと仕事に集中してくれたら、Sさんの仕事も少しラクになりますよね?」

S さ ん　「ええ、まあ…」

リーダー　「そのために、ちょっと力をお借りしたいんですけど…」

ここがGood

　＊年上の人に対して、教えを請う姿勢をとっている
　＊「Wさんが仕事に集中したら、Sさんにもプラスですよね」とメリット感を
　　出している
　＊「Sさんもそういう認識でしたか」と互いの共通項を見つけている

147

年上で扱いにくいメンバーへのコーチング

解決策を求めてきた メンバーへのコーチング

一方的に解決策を与えても指導とはいえない。
相手に共感を示し、サポート役を心がけよう

➡ アドバイスをしたくなる気持ちを
我慢することも大事

　仕事のできるリーダーが考えがちなのが、メンバーが相談を求めてきたときに、すぐに解決策を提示してしまうこと。多くのメンバーを抱えるなかで、できるだけ効率的に指導をしたくなるのは分かりますが、かえってメンバーのやる気を奪うことにも、なりかねません。

　まずはメンバー一人ひとりの話にしっかり耳を傾け、共感の姿勢を示すこと。同じ視線から見ることで、メンバーが相談しやすくなり、より望ましい方向を見出しやすくなります。

　リーダーは正解を持っていてそれをメンバーに教えなければならない、と思っている人も少なくありませんが、ベストの方法を見つけ出すためには、メンバーの能力を信じ、ともに取り組む姿勢を忘れないことです。

話を聞かずに解決策を示すのは逆効果

ケース8 先輩に相談できずに困っているメンバーには、どう指導する?

悪い例

H さ ん 「あのー、このプロジェクトのデータの集計方法については、私、初めてなので、Mさんに教えていただきたいと思ったんですが、お忙しいようで…」

リーダー 「うん、Mさんは、このプロジェクトの責任者だから手がまわらないんだと思う」

H さ ん 「そうですね〜」

リーダー 「悪いんだけど、ちょっと自分で集計方法を調べてくれないかな。ネットにも情報がのっていると思うんで」

H さ ん 「は、はい」

リーダー 「君は派遣さんにしてはよくやっているし、君ならできるから、がんばってね」

H さ ん 「……」

✗ ここがNG

＊相手の話をほとんど聴いていない
＊メンバーに共感することなしに、突き放したように解決策を示しただけ。それが的を射ているかどうかも不明
＊「派遣さんにしては」と、正社員とは別の能力基準があるような、上から目線の言い方も相手のモチベーションを下げる要素

　メンバーがアドバイスを求めてきたときに的確な指導をするためには、相手がどんな状況にあり、どんな問題を抱えているのかを見極めることが大切です。

　その際、自分の経験などから問題点に気づいたとしても、それをすぐに伝えるのではなく、質問を投げかけながら、あくまでも相手から引き出すように導きます。そのほうが、より問題の本質に近づくことができるからです。

　そしてメンバーなりにがんばってきたことをほめることも忘れずに。メンバーに対して金銭的な報酬を与えられなくても、ほめることで、相手にとっては心理的な報酬となり、自発的に行動する意欲にもつながります。

　また、アドバイスする際にも、メンバーが仕事をしやすくなるような環境づくりを心がけることが大切です。

　よい例では、Hさんに対してリーダーは、Mさんにメモを渡すよう指導しています。リーダーが直接Mさんに指導すれば手っ取り早いのですが、このようにすることで、遠慮がちなHさんがMさんとコミュニケーションをとりやすくしているわけです。

ケース8 先輩に相談できずに困っているメンバーには、どう指導する?

よい例

H さ ん「あのー、このプロジェクトのデータの集計方法については、私、初めてなので、Mさんに教えていただきたいと思ったんですが、お忙しいようで…」

リーダー「Hさんは、初めてなのによくがんばっていますね。ありがとう。データの集計方法の、どこが分からないんですか?」

H さ ん「過去5年間のデータのとり方が微妙に違うので、どこを基準に考えたらよいかが…」

リーダー「なるほど。それは、やりにくいですね。そのことはMさんに伝えたのかな?」

H さ ん「いいえ、お忙しそうで、まだお伝えしていないのですけど」

リーダー「これが決まらないと、Hさんの仕事が進まないだろうから、このメモを、僕からだと言ってMさんに渡してください。すぐに判断してくれると思うよ」

H さ ん「ありがとうございます。助かります」

リーダー「大事な話を、すぐ僕のところにもってきてくれてありがとう!」

ここがGood

＊まずがんばりを認め、大変なことに共感する姿勢を示している
＊質問を発して、何が問題なのかはっきりさせている
＊メモを渡すことで、メンバー同士でコミュニケーションをとりやすくしている

意欲が行動に結びつかないメンバーへのコーチング

まずはがんばりを認めること。相手のプライドを
尊重しながら具体的な改善ポイントを
絞り込んでいくことが大切

➡ プライドを傷つけるような指導はNG

一般的に、男性には「いいかっこ」をしたいという欲求があります。とくに女性の前では、いいところを見せたいという思いから、実現が難しいことでも、「できます！」「やります！」と強がってしまいがちです。

それで成果が上がっているときはよいのですが、思うような結果が出なかったときには、大風呂敷を広げたことを責めたり、全否定しがちです。しかしそれでは、相手のプライドを傷つけ、やる気を失わせてしまいます。

またリーダーによっては、メンバーの仕事がうまくいかないときに、気づかないうちに、発奮を促そうとメンバーのプライドを傷つけるような言い方をしているケースがあります。

メンバー一人ひとりのプライドを尊重し、意欲を高めるような指導を心がけることが大切です。

ネガティブな言葉を続けない

ケース9 メンバーの目標設定面談で、どう指導する？

悪い例

リーダー 「来期の売上目標、どのくらいに設定する?」

I さ ん 「そうですねぇ。営業所全体が前年比7％くらいなんで、僕は15%を目指したいと思います」

リーダー 「えー、そんなこと言うけど、あなた、前期は3％だったじゃないの。15%なんて無理じゃない?」

I さ ん 「(むっとした表情で)でも、あれは、N社の契約が土壇場でキャンセルになったからで…」

リーダー 「それはそうだけど、背伸びしないで、やっぱり現実的な目標にしておきましょうね」

I さ ん 「はい、課長がそうおっしゃるなら」

✖ ここがNG

＊メンバーの言った「15%」は、確かに現実離れした数字だったかもしれないが、全面的に否定してしまい、やる気を下げている
＊「無理」「背伸び」といったネガティブな言葉を使っている
＊「現実的な目標設定」は大切だが、ときには、メンバーの意欲を優先したほうがよい場合も

 目標を示し、エネルギーに焦点を当てて指導する

　とにかくがんばります、と張り切っているけれど、努力があちこ
ちに散らばって散漫になり結果に結びつかない、というメンバーも
いることでしょう。

　そんな相手に指導する際、現実を突きつけて、より実現性の高い
方法をアドバイスしたくなりますが、それでは勢いを止めてしま
い、意欲を失わせてしまう危険があります。

　メンバーが持っている勢いを活かしつつ、相手に合った方向や目
標を導き出すためには、「がんばる」という気持ちを尊重しながら、
がんばる対象をいくつか提示し、そこから相手に絞らせるのも有効
です。

　よい例では、「訪問件数」「成約率」「１件あたりの契約単価」の
３つのターゲットを示していますが、GROWモデル（→68ページ）
や具体的な質問を活用しながら、改善するポイントを絞り込んでい
くと、成果につながりやすくなります。

　もちろん、選択肢を提示し相手に考えさせるだけではなく、一緒
に考える姿勢を持つことは、言うまでもありません。

具体的な改善点を絞り込む

ケース9 　メンバーの目標設定面談で、どう指導する?

よい例

リーダー　「来期の売上目標、どのくらいに設定する?」

Ｉさん　「僕は15%を目指したいと思います」

リーダー　「それは素晴らしい目標ね。どうしたら、15%を達成できると思う?」

Ｉさん　「まだあんまり考えてないんですけど、がんばりたいと思います」

リーダー　「そう。たとえば、訪問件数、成約率、1件あたりの契約単価の中で、一番、増やせそうなのはどれかしら?」

Ｉさん　「はい、訪問件数は営業所の中でもトップクラスだと思うので、成約率が自分の課題だと思います」

リーダー　「ちゃんと認識できているわね。じゃあ、成約率を高めるために、どんなことができるか、一緒に考えてみましょう」

ここがGood

＊メンバーの意欲を認め、その勢いを活かそうとしている

＊高い目標を達成するための努力がフォーカスされるように3つの改善点を示して、メンバーに選ばせている

＊成約率を高めるための方策を、さらに具体的に一緒に考える姿勢を示している

新人メンバーへの
コーチング

若い世代に対して、指導する側の常識を押しつけるの
は逆効果。仕事の意味を見出せるような問いかけで、
自発的な行動を引き出そう

➡ あなたの常識は通じないと心得よう

　職場環境は、技術的にも組織の制度のうえでも大きく変わり続け
ています。リーダーの常識が、今の常識、メンバーにとっての常識
と同じとは限りません。

　とくに、「これくらい分かっていて当然」という前提条件が共有
されていない若い世代に対しては、丁寧に仕事の意味を伝える必要
があります。

　また、若い世代を全部まとめて「問題視する」のは避けたほうが
よいでしょう。そういう批判的な視線で見ると、メンバーの至らな
い点、期待にそぐわない点ばかりが目についてしまいます。

　メンバーの優れた点、得意な点などを「美点凝視」の姿勢で見て
いくことが大切です。ひょっとすると若い世代から、リーダーが新
しい常識を教わることも多くあるかもしれません。

「若い連中」をひとくくりにしないこと

ケース10 入社直後の若いメンバーに仕事をさせるには、どう指導する?

悪い例

リーダー 「ちょっと、君さあ、コピー機の紙の補給は新人の仕事だろうが」

Jさん 「ええっ。そうなんですかあ。聞いてなかったんですけど」

リーダー 「聞いてなかったって。そんなの君、常識じゃないか」

Jさん 「すみません」

リーダー 「まったく、最近の若い連中は、常識をわきまえてないから困るなあ。この程度のことは、ちゃんとやっておいてくれよ」

Jさん 「は、はい」

✗ ここがNG

＊「自分の常識」を一方的に押しつけている
＊「最近の若い連中」と一般化し、しかも大きな声で批判している
＊仕事の意味を伝えていない。これでは指示待ち族をつくるだけ

➡ 自発的に動く人材に育てる

　もしメンバーが「指示待ち族」だったとしても、その人が悪いと決めつけてはいけません。むしろ、リーダーが「指示待ち族」に育て上げてきたと思うべきでしょう。

　リーダーが一方的に命令し続けていれば、メンバーは確実に指示待ち族になります。そして自発的な行動を起こそうとはしないでしょう。

　「よい例」でリーダーは、まず、メンバーを責めるのではなく、給紙切れという「事柄」を話題にしていました。

　そのうえでリーダーは質問を投げかけて、メンバーに仕事の意味を考えさせていました。そして職場全体の視点に立って、相手の自発的な気持ちを引き出しています。

　また、コピー機の給紙という仕事を題材にして、どんな貢献ができるかということをメンバーと一緒に考え、積極的な行動を促すコーチングへとつなげていました。

　昨今のビジネス環境の変化として、在宅勤務が増えました。そうした場で新人に自発性を発揮させるには、さらに工夫が必要です。「来週の火曜日までに、業務フローを改善する提案をしてほしい」「来年入社の新人に伝えるべき、この会社での働き方のツボを3つ出して」など、アイディアや提案を引き出し、できる限り採用して、「この職場では提案すると実現するんだ」という原体験を持たせたいものです。若いメンバーを指導するチャンスと方法は無限に存在するのです。

仕事の意味を質問で気づかせる

ケース10 入社直後の若いメンバーに仕事をさせるには、どう指導する?

よい例

リーダー 「コピー機の紙が切れていたけど、気づかなかったかな?」

J さ ん 「すみません。でも、補給って僕がするんですか?」

リーダー 「うん、今、この職場を見渡して、誰が担当するのが一番合理的だと思う?」

J さ ん 「そう言われてみると、確かに、僕は新人で見習い中なので、雑用は僕がやったほうがいいですね」

リーダー 「コピー機の紙の補給も、大事な仕事だし、今の君ができる大きな貢献になると思うんだ」

J さ ん 「なるほど」

リーダー 「指示は受けてなかったかもしれないけれど、この職場のためにプラスになることは、どんどん積極的にやっていってほしいんだ」

ここがGood

＊相手(人)を責めるのではなく、給紙切れという「事柄」を話題にしている
＊質問で仕事の意味を考えさせ、自分がやるべきという理解を引き出している
＊「大事な仕事」「大きな貢献」と位置づけ、さらに、職場のプラスになることは指示がなくてもやってほしいという期待を伝えている

リモートでうまく話せない メンバーへのコーチング

慣れればできる、は正論だが、メンバーを突き放す「暴論」でもある。メンバーの長所をほめながら、質問で具体的な行動を引き出そう

 精神論ではなく具体的な行動を

　不安を感じているメンバーに対して、「とにかく慣れれば何とかなる」と自分の経験を押しつけても逆効果。第一歩を踏み出すところをこそサポートしたいものです。「よい例」では、メモをとることを肯定した上で、質問によって行動を引き出そうとしています。

　ただ、メンバーが「どうしていいか分かりません」という状況から動けない場合もありますね。そんなときは、

「昨日のミーティングでは、どんな発言をしたかったの？」

「発言パターンを観察して、誰の後だったら一番、話しやすいかな？」

　といったふうに、その人が発言している状況が見える化される質問を投げかけてみましょう。

ケース11 リモートでうまく話せないメンバーに
どう指導する?

悪い例

リーダー 「Yさん、聞いているばかりで発言しないけれど、何も
意見やアイディアはないの?」

Y さ ん 「あ、すみません。そうではないんですが、まだ慣れなく
て、どう話していいかタイミングとかつかめなくて…」

リーダー 「苦手意識が強いんじゃない? これからの時代、積
極的にリモートで発言できるようにならないとダメ
だよ」

Y さ ん 「いちおうメモは用意しているんですが…」

リーダー 「メモねえ。やっぱり発言の切れ目とか見極めること
なんだよな〜。こればかりは慣れだから、もっと経験
を積めばそのうち発言できるようになるよ」

Y さ ん 「はあ。そうなんでしょうかねえ」

✕ここがNG

＊リモートでの会話が苦手と決めつけて相手に接している
＊メモをとるという相手の努力、方法を否定している
＊経験を積めばできる、と言いつつ、具体性に欠ける

許可取りの質問から提案への流れ

　それでも、なかなか具体的なアクションにつながらないこともあります。じれったくなるケースもあるでしょうが、短気は損気です。「一つ提案してもいいかな？」「私のアドバイス聞いてくれる？」と、許可取りの質問をはさんでから、行動のメニューを示すのも有効です。

　その上で、
「今のところ、もう少し詳しくお聞かせいただけませんか？　という質問を発してみてはどうだろう？」
「第一声が肝心なので、多少、声がかぶっても、『よろしいですか』と声を出してみよう」

　などと、具体的な行動のパターンを紹介してみてはいかがでしょうか？　特に、発言を躊躇する心理的な理由は本人が自覚していない場合もあるので、不安に寄り添う気持ちを持って、「分からないことがあるのは恥ずかしいことではない」「声がかぶっても大丈夫」というメッセージを伝え、安心感を高めるのが効果的です。

　そしてメンバーが実際に発言したら、「今日の発言、よかったよ」と行動を強化する一言を忘れずに。

「リモートならではの悩み」を
一緒に解決

| ケース11 | リモートでうまく話せない
メンバーにどう指導する? |

よい例

リーダー 「リモート会議だとあまり発言が出ていないように感じる
けれど、どうかな?」

Y さ ん 「はい、じつはまだあまり慣れなくて」

リーダー 「なるほど。でもYさんは、他のメンバーの話にちゃんとう
なずいて、聴き上手だよね」

Y さ ん 「ありがとうございます。でも、メモをとって考えているう
ちに、発言のタイミングを逃してしまうこともあって…」

リーダー 「メモをとるのはいいじゃないか。タイミングよく発言す
るためには、どうしたらいいかな?」

ここがGood

＊自分の状況認識を押しつけず、「感じ」を確認する質問
＊「うなずき」という非言語メッセージに着目してほめている
＊具体的な行動を引き出す質問で行動の改善へ

教えて！コーチング 5
問題解決 Q&A

Q Question
同僚や先輩とのコミュニケーションが
不得意なメンバーにどう対応する!?

A Answer

上司・部下の関係づくりでは「報・連・相」（報告・連絡・相談）が大切ですが、メンバー一人ひとりに対する指導で、意外に見落としがちなのは、同僚同士や先輩への「報・連・相」です。「報・連・相」は、むしろメンバー同士が組む「チーム」内でこそ必要です。上司に報告する内容と比べて、メンバー同士が報告し合うことの内容はより細かく、重要度も低めであることが多いものです。

しかし、「上司はこまめに声をかけてくれるので報告しやすいけど、先輩には言いにくい」と思っているメンバーも少なくありません。そうなると、小さな混乱や行き違いが少しずつ、知らないあいだに蓄積されます。チームの中のフラストレーションがいつしか増していくのです。

そこでリーダーは、「リーダーとメンバー」のあいだだけでなく、「メンバー同士」「チーム内」でも「報・連・相」が大事であることを周知徹底します。具体的には、自分が何を担当し、どこまで進捗しているかを、チーム内の人間がそれぞれ申告し皆で情報を共有する。それが大事であるということを常々、皆に知らせていきます。ミーティングの最後などに、「チーム内では有言実行でいこう！」など、締めの言葉をかけるのもよいでしょう。

リーダーが音頭をとるような気持ちで、メンバー同士の情報伝達をスムーズにすると、風通しがよくなり、チーム力はみるみるアップするはずです。

同僚・先輩への「報・連・相」で

チーム力をアップ！

すぐできる！
4つのスキルアップ

記録をつけて
成長を確認しよう

メンバーや自分がどんな成長をしたか、
毎日記録をつけてみよう。コーチング時間も
記録することで、手ごたえが感じられる

➡ 記録をつけると自信がつき、
次のステップが見えてくる

リーダーとして、コーチングのスキルをさらに磨くためにおすすめしたいのが、メンバーや自分の成長の記録をつけることです。

記録をつけることには、さまざまなメリットがあります。

自分では「コーチング、うまくなったな」「リーダーとして成長できたな」とはなかなか実感できないものですが、「これまでに通算〇〇時間コーチングした」という時間数が明確になると、張り合いが出ます。

自分やメンバーの成長を漠然と頭で思うだけでなく、言葉にして記すことで、手ごたえも感じられます。すると、自分に自信がつき、次に何をやればよいのか、見えてくるようになります。

また、コーチングは「0時間の週をつくらない」ことがとても大切です。やればどんどんうまくなるのですが、ゼロになってしまうと、振り出しに戻ってしまうことがままあるので、必ず毎週続ける

成長の記録をつけるメリット

1 自信がつく

昔に比べて
コーチングのスキルが
アップしたな!!

3 成長意欲がわく

Aさんも成長したな…
自分もがんばろう!

記録をつけると
さまざまな
メリットがある!

Aさん	30分	次の課題に
Bさん	20分	仕事に自信が出て
Cさん		≦
Dさん	40分	業務

0 時間の週を
つくらないように
しよう!

次はこの
ステップだな

2 継続意欲がわく

4 次に何をすれば
いいのか分かる

ことが必要なのです。記録をとっていると、「0の週をつくらないようにしよう」という継続の意欲が自然にわいてきます。

さらに、「今日は何を書こうか」と考えることは成長意欲を高めますし、「今日、自分が成長した点は何だろう」という視点で物事を見るようになるので、エネルギーレベルが高まります。

メンバーへのコーチング記録と 自分の成長記録をとろう

記録をつけていただきたいのは、次の2点です。

1 メンバーへのコーチングを記録する

メンバーそれぞれに、どんなコーチングをしたか、その結果はどうだったか、コーチングした時間はどのくらいかを記録します。

2 自分自身の成長を認識し、記録する

リーダーとして、自分がメンバーとの関係の中で何を学んだのかを記録します。その際、至らなかったところだけに焦点を当てて「反省」するのはおすすめしません。真面目な人ほど、ネガティブな部分が気になり、落ち込んでしまうことがあるからです。

大切なのは、「どこがうまくいったのか、どのようにすればさらによくなるのか」Good & Better で振り返ること。自分自身の成長を認識できるリーダーは、メンバーの進歩を見逃さずにキャッチする能力も高いものです。

さらに、メンバーと1対1のコーチングに時間をどれだけとったかを積算します。手帳の隅っこでもかまいません。Excel のファイルをつくるのもおすすめです。グラフで「見える化」すると順調に伸びているか、停滞しているか一目瞭然になります。

記録のつけ方

1 メンバーへのコーチングの記録

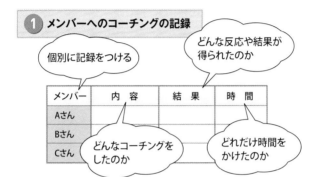

個別に記録をつける

どんな反応や結果が
得られたのか

メンバー	内　容	結　果	時　間
Aさん			
Bさん			
Cさん			

どんなコーチングを
したのか

どれだけ時間を
かけたのか

2 自分の成長の記録

・自分の成長の記録をつける

5/9	GWの過ごし方を聞いた
5/10	Aさんをほめた
5/11	仕事の分担を見直した
5/12	上司の協力を引き出せた

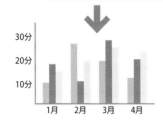

1対1のコーチングに
どれだけ時間をとれたか
積算しよう

提案方法を工夫しよう

コーチングは一人ひとりに合った指導をするのが基本。
メンバーとの関係性をよく見つめ、
状況別に指導方針を考えよう

 メンバーとの関係性を見直そう

「CHAPTER 01」でも述べている通り、コーチングは、一人ひとりの個性を尊重し、その人に合った指導をすることが大切です。スキルアップを図るためには、一人ひとりのメンバーとの関係を、折にふれて見つめ直すことが効果的です。

　関係を見直すために、自分とメンバーとの関係をビジュアル化してみましょう。

1　縦軸に、コーチングのしやすさを、横軸にメンバーとの心理的な距離の近さ・遠さを表す図をつくります。

2　それぞれのメンバーがどこに位置するかを書き込んでいきます

　たとえば、仲がよくてコーチングもうまくいっているAさんは右上に、疎遠でコーチングも難しいCさんは左下の枠に入ります。

　あなたはどんな図ができましたか？

「親しみを感じて、コーチングもうまくいっている」右上の枠にた

メンバーとの関係図をつくろう

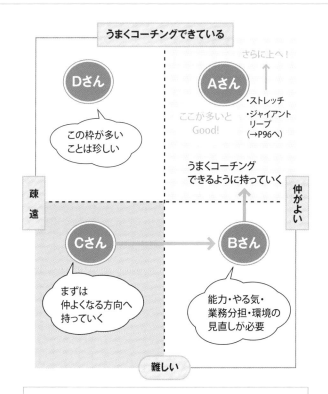

くさん入っていると理想的です。疎遠でコーチングも難しい、という枠に入った人は、親しみを増す方向に持っていきましょう。共通の話題や趣味を見出したり、ほめる、感謝するなど、心理的報酬を多めに与えていくと、仲のよい枠へと移っていきます。

状況に応じて指導方針を考えよう

問題は、すでに仲がよいのに、うまく指導ができていない枠に入った人のケースです。

能力ややる気に問題があるのかもしれないし、あるいは仕事の分担や環境に何らかの支障があるのかもしれません。これを分析して解決の方向に持っていくことが必要です。

たとえば、業務分担や環境が適切かを見るには、右図にあるような表をつくって、個々の能力と業務量に順位をつけてみましょう。これで、能力と業務量に逆転現象が起こっていないかをチェックし、もし逆転していたら、役割や分担を見直せばよいのです。

不平不満を言う人がいたら、それが根拠のない文句なのか、的を射たことなのかをよく見極めることもヒントになります。

さらに、それぞれのプラスリスト（→94ページ）を発展させた表をつくってみるのも効果的です。それぞれに「少し厳しめに接する」「とことん話を聴く」「Dさんの指導を任せる」など、状況に応じて指導方針を考えることで、今後の課題が明確にできるはずです。

状況を見極め、正しい指導を目指そう

● 能力と業務量は適正か？

メンバー	能力（順位）	業務量（多い順）
A	1	2
B	2	1
C	3	5
D	4	3
E	5	4

逆転している
ときは、入れ
かえが必要

● 指導方針は適正か？

メンバー	指導方針
A	具体的な行動を示す
B	ほめてやる気を引き出す
C	Dさんの指導を任せる
D	少し厳しめに接する
E	とことん話を聴く

「親和性が高く、コーチングもうまくいっている」
状態になるよう、工夫しよう

勉強会でスキルと経験を増やそう

同じ立場の人は、似たような悩みを持っているもの。
勉強会でお互いの体験を語り合い、
さらなるスキルアップを目指そう

➡ 同じような立場の人と勉強会をやろう

「指導が難しい」と感じるメンバーがいると、リーダーはあれこれと思い悩むものです。

一人で悩むと、「あれをやったけどダメだった」「これをやってもうまくいかなかった」と堂々めぐりになりがちで、つい考えがネガティブなほうへと向いてしまいます。

そうした事態を避けるためには、リーダーとしての悩みを話し合う「勉強会」を開くのがおすすめです。

あなたと同じような立場の人は、きっと社内にいるはずです。社内にいない場合でも、社外には必ずいます。そういう人たちと誘い合って、ぜひ、リーダーシップの勉強会をはじめてみましょう。

勉強会のメニューは、参考になりそうなビデオ教材を見たり、課題図書を決めて読書会をしたり、ブレーンストーミングや、ロールプレイをやってみるのもよい方法です。本書の内容を参考にしなが

勉強会のメニュー

ビデオ（DVD）を見る

▶進め方

1 みんなでビデオを見る

2 感想を1人1分ずつ話す

3 学んだことをお互い話し合う

- -

読書会をする

▶進め方

1 本を1冊ずつ（または1章ずつ）分担する

2 簡単なサマリー（A4・1ページ）をつくり、配る

3 Q&Aで深める

> この本の読者のために、ブックリストの特設サイトを
> 設けています
> http://www.learnology.co.jp/teamleader/

- -

ケーススタディ

1 指導が難しいと感じるメンバーの状況を
A4・1ページにまとめる

2 3人組（リーダー・メンバー・オブザーバー）で
ロールプレイを行う

ら、やりやすい方法からスタートしましょう。

悩んでいるのは自分だけじゃない

　勉強会を開くと、「悩んでいるのは自分だけじゃないんだ」ということに気づき、安心感が生まれます。

　一人で悩んでいると「なんで俺ばっかり…」「こんなことで悩んでるのって、私だけ？」などと孤独感がつのって、つらくなります。でも、実際はそんなことはなくて、たいてい同じような立場の人は、同じようなことで悩んでいるものです。

　どんなメンバーの指導が難しいのか、どんなメンバーの指導がうまくいっているのかを、お互いに話し合うことで、体験を共有したり、参考にできそうなやり方が見えてきたりするはずです。

　また、指導の難しいメンバーがいて困ったなというときでも、「勉強会のケーススタディで使えるな」と思えば、少し気持ちがラクになるというオマケもあります。

　学生のときの勉強では、答えが一つだったかもしれませんが、社会人になると正解は一つではありません。いろいろなやり方があるということを幅広く考える面でも、勉強会は役立ちます。

　これまでの学校教育は「個人主義と競争原理」が主流でした。試験の問題は一人で解かなければなりません。そして、同級生よりも点数が高いと評価される仕組みでした。しかし実社会は違います。困難に直面したときに、一人で抱え込むのではなく、信頼できる仲間や上司、あるいは社外の友人と相談することが、現代社会で生きる知恵なのです。そのためにも勉強会を活用しましょう。

勉強会を開く4つのメリット

勉強会を
開くと…

メリット 1 「悩んでいるのは自分だけじゃない」
と安心できる

メリット 2 体験を共有することで
参考になりそうなやり方が見える

メリット 3 やっかいなメンバーでも
「勉強会のケーススタディ」
と思えば気が楽になる

メリット 4 「いろいろなやり方があるんだな」と
物事を幅広く考えるヒントになる

勉強会でスキルと経験を増やそう

プロのコーチを
受けてみよう

プロのコーチは、相手から答えを引き出す
サポートの達人。実際にコーチングを受けることで、
学べることはたくさんある

➡ プロのコーチからスキルを学ぼう

コーチングのスキルをさらにアップさせたい、と思う人は、プロ
のコーチングを受けてみるという方法もあります。

プロのコーチとは、コーチングを専門に職業にしている人のこと
です。プロですから、守秘義務がありますし、仕事面での具体的な
改善につながる部分に焦点を当てた質問で、クライアントから答え
を引き出すサポートをしてくれます。

プロのコーチングを受けると、どんなメリットがあるのでしょう
か？

○目標達成や問題解決が加速する

○自分のことを、とことん承認してもらえるので、自信がつく

○論点がはっきりし、行動計画が促される

○プロの質問技法、コーチングの手法が学べる

費用はかかりますが、こうしたメリットがあると思えば、受けて

プロのコーチングを受けるメリット

目標達成や問題解決が加速する

**自分のことを、とことん承認してもらえるので
自信がつく**

論点がはっきりし、行動計画が促される

プロの質問技法、コーチングの手法が学べる

有料なので真剣になる

コーチングのスキルアップや
自分自身のレベルアップにつなげよう!!

みる価値は十分あります。

また、お金を払った分「モトを取ろう」と真剣になるので、かえって効果も高まります。

受けてみたい人は、日本コーチ協会（JCA）や国際コーチング連盟日本支部（ICF Japan）のサイトを参考にしてみてください。また、プロのコーチが公開セッションを行っている場合に、専門家の技を観察したり、クライアント役を体験するのも有益です。

➡ 仲間うちで行うコーチングも効果的

プロのコーチングを受けるお金がない、あるいはちょっとハードルが高くて二の足を踏んでしまうという人もいると思います。そんなときは、まず仲間うちでお互いにコーチングし合う、というのもよい方法です。

自分がコーチングを受けるだけでなく、コーチングをする立場にもなるので、お互いに学び合いの環境になり、レパートリーが広がります。

なにより無料ですし、時間の融通もききます。仲間意識が高まり、友情が高まるというのもよい点です。

大切なのは、何もかも一人で解決しようとしないことです。コーチングが上達する最大の要因は、コーチングをする時間と受ける時間を増やすこと。そのためにも、お互いにコーチングし合う仲間づくりを心がけましょう。それがお互いの仕事に役立ち、人間的成長につながっていきます。

プロのコーチングってどんな感じ？

コーチ　今週よくやったと思うことを3つ挙げてください。

Aさん　大きなミスがなかった、ミーティングで活発に意見交換できた、Dさんと話して元気のない理由が分かったことです。

コーチ　なるほど。そのうち、来週に向けて取り組みたいことは？

Aさん　ミーティングがもっと建設的になるといいですね。

コーチ　そのために誰かの力を借りられませんか？

Aさん　テーマを決めて、たたき台をつくってみんなで発表したらいいと思います。

コーチ　他にどんな工夫が？

Aさん　みんなからミーティングの感想を集めたいと思います。

コーチ　それはいい。この調子でがんばりましょう。

具体的な改善につながる部分に焦点を当て、
その答えを言うのではなく、Aさんから答えを引き出すための
「サポート」に全力を集中するのが、プロのコーチです

おわりに

「コーチ (coach)」という単語は、もともとは「馬車」という意味の名詞でした。その後、動詞として、「大切な人を、現在いるところからその人が望むところまで送り届ける」という意味が派生しました。つまり、人間の自発性や可能性を引き出すコミュニケーションがコーチングなのです。

　対面ならもちろんのこと、テレワーク環境でも使える手法の１つが「ヒーローインタビュー」です。スポーツ中継で、その試合でもっとも活躍した選手がお立ち台の上に上がり、「放送席、放送席。７回の裏に逆転ホームランを打った○○選手です！」とアナウンサーからインタビューを受けます。

　ヒーロー役は、これまでの人生の中で、うれしかったこと、大変だったけど頑張って乗り切ったことなど、自分なりにいきいきとした「人生の中のヒーロー体験」を思い出して、３分程度、具体的に語ります。インタビュアーは、「あいづち、うなずき、繰り返し」を意識して、アクティブ・リスニングを心がけます。

　そして、「最近、一番、頑張ったことは？」「その仕事がうまくいったのはなぜ？」「そのとき、どんな気持ちになりましたか？」など、5W1Hで次から次へと質問していきます。

　このインタビューを受けたヒーローは、頬が熱くなったり、体温が上がって元気が出てきたり、心身のエネルギーレベルが上昇する感覚が得られます。「元気を出せ！」と100回命令しても元気は出ません。命令で相手の行動を変えることには限界があります。しか

し、質問の力によって、頑張ったときの映像が脳裏に浮かぶと、自然と活力が湧いてくるのです。

　そして、人と人の距離を縮める「心と心の通い合うコミュニケーション」の一つの手法がヒーローインタビューです。オンライン環境でも、職場で一緒のときも、そして、ご家庭でも試してみてください。

　すべての人が、一人の例外もなく、いつかその人なりに輝ける存在になる可能性を秘めています。その一人ひとりの持ち味に光をあて、引き出していくことがコーチング。

　松下幸之助翁は「人間は磨けば光るダイヤモンドの原石のようなもの」だと語っていました。ダイヤモンドの原石も、磨かないと輝きません。この本が、切磋琢磨の関係づくりに役立ち、ご自身とメンバーからダイヤモンドの輝きを引き出すことを期待しています。

本間　正人

本間正人（ほんま　まさと）

京都芸術大学教授・副学長、NPO法人学習学協会代表理事。
東京生まれ。ミネソタ州政府貿易局、松下政経塾研究部門責任者などを経て独立。教育学を超える「学習学」を提唱し、コーチングや「学習する組織」「ほめ言葉」「英語学習法」「国語４技能」など幅広いテーマで、企業・自治体等での管理職研修を担当している。主な著書に、『コーチング入門 第二版※』（日経文庫）、『仕事で「敵をつくる言葉」「味方ができる言葉」ハンドブック』『決定版 ほめ言葉ハンドブック※』（PHP研究所）、『人を育てる「叱り」の技術』（ダイヤモンド社）、『忙しさを上手に手放す思考術』（クロスメディア）ほか多数。（※は共著）
らーのろじー株式会社　ホームページ
https://learnology.co.jp/

STAFF

装丁	井上新八
DTP	アスラン編集スタジオ
イラスト	ケン・サイトー

図解決定版　リモート即対応！
コーチングの「基本」が身につく本

2021年4月20日　第１刷発行

		[この本に関する各種お問い合わせ先]
著　者	本間正人	・本の内容については、下記サイトの
発行人	中村公則	お問い合わせフォームよりお願いします。
編集人	滝口勝弘	https://gakken-plus.co.jp/contact/
編集長	倉上　実	・在庫については　Tel 03-6431-1201（販売部）
発行所	株式会社 学研プラス	・不良品（落丁、乱丁）については
	〒141-8415	Tel 0570-000577　学研業務センター
	東京都品川区西五反田2-11-8	〒354-0045 埼玉県入間郡三芳町上富279-1
印刷所	中央精版印刷株式会社	・上記以外のお問い合わせは
		Tel 0570-056-710（学研グループ総合案内）

学研の書籍・雑誌についての新刊情報、詳細情報は、下記をご覧ください。
学研出版サイト　https://hon.gakken.jp/